PEKiP

Babys fördern mit Bewegung und Spiel

Birgit Brauburger

Compact Verlag

Außerdem sind in dieser Reihe erschienen:

- Angsthase, Trotzkopf & Co. – Schwierige Entwicklungsphasen meistern
- Babymassage – Wohltuend, gesund, beruhigend
- Ein- und Durchschlafen – Ruhig durch die Nacht
- Es tanzt ein Bi-Ba-Butzemann – Die 80 schönsten Kinderlieder
- Ich sehe was, was du nicht siehst – Die besten Kinderspiele für unterwegs
- Kinder fördern mit Spiel und Spaß – Sprechen, wahrnehmen, bewegen
- Kinderkrankheiten – Schnell erkennen und richtig behandeln
- Klassenclown, Quatschliesel & Co. – Der Elternratgeber für schwierige Erziehungssituationen
- Kochen für Babys und Kleinkinder – Gesund und lecker
- Zu dick oder zu dünn – Der Elternratgeber für eine gesunde Lebensweise

© 2010 Compact Verlag München
Alle Rechte vorbehalten. Nachdruck, auch auszugsweise,
nur mit ausdrücklicher Genehmigung des Verlages gestattet.
Alle Angaben wurden sorgfältig recherchiert, eine Garantie
bzw. Haftung kann jedoch nicht übernommen werden.
Chefredaktion: Dr. Angela Sendlinger
Redaktion: Barbara Werner
Produktion: Wolfram Friedrich
Titelabbildung: fotolia.com/Veronika Trofer
Typografischer Entwurf: Axel Ganguin
Umschlaggestaltung: Axel Ganguin

ISBN 978-3-8174-6899-7
5368992

Besuchen Sie uns im Internet: www.compactverlag.de

PEKiP

Vorwort

Auf dem Weg vom Säugling zum Kleinkind hat Ihr Baby viele Schritte zurückzulegen. Begleiten Sie Ihr Kind auf seinem Weg und ermöglichen Sie ihm vielfältige Erfahrungen! Denn es benötigt diese Erlebnisse, um seine motorischen Fähigkeiten zu entwickeln und seine sensorischen und geistigen Fähigkeiten ausbilden zu können. Sprich: Neben Liebe, Geborgenheit und Sicherheit braucht es von Beginn an auch Anregung und Bewegung.

Das Prager-Eltern-Kind-Programm, bekannt als PEKiP, ist ein umfassendes Konzept, das vor allem in speziellen Eltern-Kind-Gruppen angeboten wird, aber auch zu Hause praktiziert werden kann. Es begleitet die Entwicklung des Babys während der ersten zwölf Lebensmonate mit eigens entwickelten Spiel- und Bewegungsanregungen, die es in seiner Entwicklung unterstützen. Denn Spiel und Bewegung sind mehr als Zeitvertreib: Sie sind die natürlichen Motoren der Entfaltung. Ihnen als Eltern ermöglichen sie zudem einen intensiven, individuellen Austausch mit ihrem Kind.

Der vorliegende Ratgeber informiert Sie im ersten Teil zunächst leicht verständlich und fachlich fundiert über die Idee und Entstehung des Prager Eltern-Kind-Programms. Zudem erfahren Sie Grundlegendes über die frühkindliche Entwicklung in den ersten zwölf Lebensmonaten sowie alles Wissenswerte rund um die einzelnen Wirkungsbereiche von PEKiP, über seinen Nutzen und seine Vorteile.

Im praktischen Teil finden Sie dann die Schritt-für-Schritt-Anleitungen – für jedes Quartal des ersten Lebensjahres. Der Vorteil: Sie können nach und nach Babys Lieblingsprogramm zusammenstellen. Denn jedes Kind ist einzigartig, jede Eltern-Kind-Beziehung individuell. Im letzten Kapitel finden Sie zahlreiche Anregungen, wie Sie interessantes Spielzeug aus Alltagsgegenständen selbst gestalten können.

Mit PEKiP durchs erste Jahr

PEKiP – ein Kurs für Eltern und Kind

Hinter der Abkürzung PEKiP steht das sogenannte Prager-Eltern-Kind-Programm. Was zunächst etwas nüchtern klingt, ist ein umfassendes Konzept, das vor allem in speziellen Eltern-Kind-Gruppen angeboten wird. Es begleitet die Entwicklung des Babys während der ersten zwölf Lebensmonate mit eigens entwickelten Spiel- und Bewegungsanregungen. Denn Spiel und Bewegung sind die natürlichen Motoren der Entfaltung und ermöglichen Eltern zugleich einen intensiven Austausch mit ihrem Kind. PEKiP erfreut sich stetig wachsender Beliebtheit und verfolgt mehrere Ziele: Zum einen sollen Kinder und Eltern im sensiblen Prozess des Zueinanderfindens unterstützt werden. Das stärkt ihre Beziehung. Zum anderen kommen Babys schon früh in Kontakt mit Gleichaltrigen und anderen Erwachsenen. Letztere wiederum haben die Möglichkeit, mit anderen Eltern Erfahrungen auszutauschen und ihrerseits Kontakte zu knüpfen.

Die Anfänge in Prag

Basierend auf seinen Forschungen zur häuslichen und außerhäuslichen Betreuung von Säuglingen entwickelte der Prager Psychologe Dr. Jaroslav Koch Ende der 60er-Jahre zahlreiche Bewegungs- und Spielanregungen. Denn Koch war davon überzeugt, dass Babys schon eine Vielzahl von Begabungen mit auf die Welt bringen und

diese durch die entsprechende Unterstützung optimal entfalten können. Ziel ist dabei gerade nicht die Beschleunigung der natürlichen Entwicklung, sondern deren sinnvolle Unterstützung. Kinder „in ihrer Ganzheit zu entfalten, ihre Sinne, ihr Spielverhalten, ihr Denken, ihr Sprechen, ihre Gefühle, ihre Verhaltensweisen, das Sammeln von Lebenserfahrungen und vieles mehr" – danach strebte Koch und darauf baut PEKiP, so wie man es heute kennt und wie es in den Gruppen praktiziert wird, auf.

Bewegungen geben Babys im ersten Lebensjahr zum einen die Möglichkeit, sich auszudrücken, zum anderen sind sie sozusagen Antrieb für deren körperliche und geistige Entwicklung. Koch stellte fest, dass das regelmäßige anregende, geleitete Bewegungsspiel einen durch und durch positiven Einfluss auf die gesamte Entwicklung eines Babys hat. Im Vergleich zu einer Gruppe von Kleinkindern, die diese Anregungen nicht erhielten, konnte er im Rahmen einer Studie zahlreiche

Unterschiede festhalten. Zu den positiven Effekten der altersgerechten Anregung zählen unter anderem eine ausgeglichene Stimmung, eine verminderte Anfälligkeit für Krankheiten und Infekte sowie ein regelmäßiger Schlafwach-Rhythmus.

Das Konzept wird erweitert

Auf Kochs Anleitungen aufbauend, die den Kern des PEKiP darstellen, entwarfen die Psychologin Christa Ruppelt

Tipp

Gruppenleiter

PEKiP-Gruppen werden in der Regel von PEKiP-Gruppenleitern oder -leiterinnen geführt, die durch eine spezielle Zusatzausbildung qualifiziert sind. Träger dieser Qualifikation ist der PEKiP e. V. Zur Fortbildung werden Fachkräfte zugelassen, die bereits einen sozialpädagogischen Grundberuf haben.

Die Fortbildung selbst umfasst einen Grundkurs in Theorie und Praxis, Hospitationen in bestehenden PEKiP-Gruppen und Gruppensupervision parallel zur Leitung von zwei PEKiP-Gruppen. Sie erstreckt sich in der Regel über zwei Jahre. Weitere Informationen, unter anderem auch zu Gruppen in Ihrer Nähe, finden Sie im Internet unter www.pekip.de.

und der Sozialwissenschaftler Hans Ruppelt im Jahr 1973 ein sozialpädagogisches Konzept für junge Eltern zur Schaffung eines stützenden sozialen Netzes für junge Familien, und eben auch mit wesentlichen Elementen der Elternbildung. Fünf Jahre später bekam dieses Modell den Namen „Prager-Eltern-Kind-Programm". Von Beginn an erfreute sich diese Form der Gruppenarbeit wachsender Beliebtheit, da die Anregungen in die Interaktion zwischen Kind und Bezugsperson eingebettet sind, zugleich aber auch die Kommunikation zwischen den Erwachsenen gefördert wird. 1988 wurde der PEKiP e. V. gegründet, der seither PEKiP-Fortbildungen durchführt.

Mehr als eine Krabbelgruppe

Die Spiel- und Bewegungsanregungen richten sich an Babys ab der vierten bis sechsten Lebenswoche. Unabhängig von der Gruppenarbeit können Sie Ihrem Kind diese entsprechenden Anreize, die sich an den vielfältigen Schritten der frühkindlichen Entwicklung im ersten Lebensjahr orientieren, natürlich auch zu Hause anbieten. Wichtig dabei ist vor allem, dass Sie die Zeit für sich und Ihren Spross als gemeinsame Zeit einplanen und den spielerischen Charakter nicht aus den Augen verlieren. Denn PEKiP ist kein spezielles Trainingsprogramm, das es zu absolvieren gilt, sondern eine Unterstützung der gesunden Entwicklung. Die Freude am gemeinsamen, sinnvollen Spiel sollte unbedingt im Vordergrund stehen!

Tipp

Das bringt's

Kritische Stimmen nennen PEKiP ein weiteres Programm, das den sogenannten Frühförderwahn unterstützt. Dabei wird jedoch außer Acht gelassen, dass sich das Programm sensibel immer am jeweiligen Entwicklungsstand des Kindes orientiert.
Das Baby mit seinen momentanen Möglichkeiten, Fähigkeiten und Bedürfnissen steht im Mittelpunkt und bestimmt das Spielangebot. Es wird nicht auf ein konkretes Ziel hin trainiert, sondern dazu angeregt, etwas selbst zu tun. Dies fördert zugleich sein Selbstbewusstsein, während die Aufmerksamkeit der Eltern für ihr Kind geschult wird.

Als Eltern lernen Sie mit PEKiP nicht nur, wie Sie Ihr Kind mit verschiedenen Bewegungs-, Spiel- und Sinnesanregungen optimal in seiner Entwicklung unterstützen können. Sie lernen vor allem seine natürlichen Fähigkeiten immer besser kennen und können dementsprechend auch gut auf seine Bedürfnisse eingehen. Der intensive Austausch, den Sie in dieser gemeinsamen Zeit pflegen, legt nicht nur den Grundstein für eine erfolgreiche Kommunikation zwischen Ihnen und Ihrem Kind. Je stärker Ihr Baby das Gefühl des Verstandenwerdens, der Ermutigung und der emotionalen Zuwendung vermittelt bekommt, umso inniger kann sich seine Bindung zu Ihnen entwickeln und zu einer starken Verbundenheit werden.

Alles ist neu

Auf diesen Moment haben Sie lange gewartet: Ihr Baby ist endlich da! Eine aufregende Zeit erwartet Sie nun, denn alles ist neu. Denken Sie daran, dass auch für Ihr Baby nach der Geburt alles anders ist. Es hat seine vertraute Umgebung verlassen, in der es sicher umschlossen und versorgt über neun Monate herangewachsen ist. Die bislang gehörten und ihm vertrauten Geräusche wie z. B. der Herzschlag der Mutter sind nicht mehr da. Die schützende Hülle fehlt und das Neugeborene spürt die Bewegungen der Mutter nicht mehr rund um die Uhr.
Gerade in den ersten Lebensmonaten ist es von entscheidender Bedeutung,

dass sich ein Baby geborgen fühlt. Denn es wird nun auch noch mit zahlreichen unbekannten Empfindungen konfrontiert, derer es sich aber noch nicht wirklich bewusst ist. Erst nach und nach kann es die erforderlichen Erfahrungen machen, die ihm dabei helfen, seine Sinneseindrücke einzuordnen, zu verstehen und eine Ahnung davon zu entwickeln, wie es damit umgehen kann. Gut zu wissen: Das Neugeborene hat eine sehr intensive Wahrnehmung und steht sämtlichen Reizen völlig offen gegenüber.

Elterliche Intuition

Auch wenn es Ihnen am Anfang noch nicht so scheinen mag: Sie haben bereits ein sehr gutes Gespür dafür, was Ihr Kind bewegt. Denken Sie daran, dass Sie es besser kennen als andere Menschen. Denn die Verbindung, die es zu Ihnen hat, ist einzigartig. Daher dürfen Sie sich und vor allem Ihrer Intuition auch und gerade in schwierigen Situationen vertrauen. Es kann durchaus Momente geben, in denen Unsicherheit aufkommt — allein das ist schon normal. Tipp: Wenn Sie sich in einer Lage befinden, die Sie aus Ihrer und aus Babys Sicht nicht lösen können, dann atmen Sie einmal tief durch und hören Sie in sich hinein. Was passiert gerade in Ihnen? Finden Sie hier einen Ansatzpunkt zur Entspannung der Situation? Vertrauen Sie sich und Ihrer sozusagen „angeborenen" Intuition. Sie werden Ihre elterlichen Fähigkeiten im Laufe der Zeit mehr und mehr verfeinern können.

Sicherheit durch Nähe

Zunächst ist es wohl allein die Nähe zur Mutter, die dem Säugling Sicherheit geben kann, schließlich ist sie ihm mehr als vertraut. So fühlt es sich beispielsweise durch häufiges Tragen (z. B. in einem Tragetuch oder einer anderen Tragehilfe) und dem damit verbundenen engen Körperkontakt geschützt. Gleichzeitig werden Sie viel stärker spüren, wie sehr Ihr Kind Ihre Nähe braucht. Und Sie werden ihm daraufhin ganz selbstverständlich so viel Sicherheit wie möglich geben wollen.

Natürlich braucht es ein gewisses Maß an positiven Reizen, damit Ihr Baby sich gesund entwickeln kann. Sinnes- und Bewegungsreize wirken anregend auf die verschiedensten Körperfunktionen – und machen Entwicklung möglich. Doch gerade aufgrund der Sensibilität eines Neugeborenen sollten Sie unbedingt darauf achten, dass Sie es durch ein Zuviel an Reizen nicht überfordern. Alle Impulse, die es aufnimmt, können im Übermaß zu Stress führen.

Gut zu wissen: PEKiP orientiert sich daher immer daran, was ein Baby gerade kann, ohne es zu überfordern.

Kommunikation von Anfang an

Ein Säugling ist von Beginn an kommunikationsfreudig und bringt zahlreiche Fähigkeiten mit, um sich seiner Umwelt mitzuteilen. Hierbei vermitteln alle Verhaltensweisen, Körperhaltungen und Äußerungen des Säuglings wichtige Informationen für die Eltern,

Tipp

Nähe durch Tragen

Das Tragen von Babys im Tragetuch hat sich in der heutigen Zeit wieder durchsetzen können. Wussten Sie, dass z. B. Blähschmerzen durch die Körperwärme beim Tragen verhindert oder zumindest gelindert werden können? Zudem wird durch die Bewegung bereits der Gleichgewichtssinn des Säuglings trainiert. Und auch die Spreizstellung der Beine, die sie im Tragetuch einnehmen, wirkt sich positiv auf die Entwicklung der Hüfte aus.
Aber natürlich stehen nicht unbedingt die gesundheitlichen Aspekte beim Tragen im Vordergrund. Vielmehr können Sie auf diese Weise das natürliche Bedürfnis Ihres Neugeborenen nach Körpernähe und Geborgenheit stillen. Sie werden schnell merken, wie sich

dies positiv auf das Bindungsempfinden auswirkt – auf beiden Seiten. Und gerade für Väter bietet das Tragen ihres Babys im Tuch eine gute Gelegenheit des bewussten Erlebens.

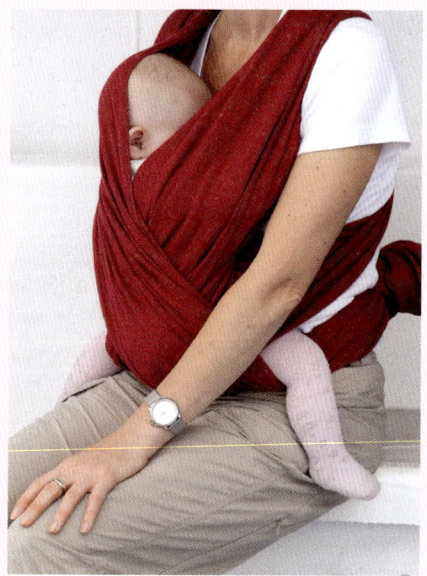

anhand derer sie ihr Baby kennenlernen können. Verschiedene „Zutaten" machen die gelungene Verbindung von Eltern und Kind aus: von Blick- und Körperkontakt über Geruch, Stimme, Gestik und Mimik bis hin zu Sprache sowie Nahrung, Fürsorge und emotionaler Wärme. Natürlich geht es dabei um mehr als funktionale oder materielle Versorgung und die bloße Anwesenheit. Denn je stärker Sie Ihrem Baby das Gefühl des Verstandenwerdens, der Ermutigung und der emotionalen Zuwendung vermitteln, umso inniger kann sich seine Bindung zu Ihnen entwickeln und zu einer starken Verbundenheit werden.

Einander kennen und verstehen lernen

Nicht immer verstehen sich Eltern und ihr Baby auf Anhieb. Denn auch wenn von elterlicher Kompetenz gesprochen wird, brauchen Mutter und Vater gegebenenfalls Zeit, um die Signale ihres Neugeborenen richtig zu deuten und sich in die neue Situation einzufinden. Unter Stress – und diesen wird es in Ihrer neuen Lebenssituation zwangsläufig an der einen oder anderen Stelle geben – ist das nicht immer einfach. Ein Tipp, wenn die Wogen über Ihnen zusammenzuschlagen drohen: Versuchen Sie dennoch, Ruhe zu bewahren. Denn Ihr Stress überträgt sich auf Ihr Baby und trägt nicht zur Entspannung der Situation bei. Manchmal hilft schon eine kleine Luftveränderung. Gönnen Sie sich beiden eine kleine

Auszeit und machen zusammen einen Spaziergang. Eltern, die ihr erstes Kind bekommen haben, berichten des Öfteren von dem Gefühl, eine andere „Sprache" zu sprechen als ihr Baby. Das kann sowohl Groß als auch Klein beunruhigen und zu zunehmender Verunsicherung führen. Falls Sie sich selbst gerade in einer vergleichbaren Situation befinden, sollten Sie nicht zögern, Ihre Hebamme oder einen einfühlsamen (Kinder-)Arzt um Rat zu fragen.

Denken Sie einfach daran: Natürlich ist es nicht immer leicht, ein Baby zu verstehen. Wenn es sich trotz aller Bemühungen nicht recht trösten lassen will, wenn es schlecht in den Schlaf findet, wenn es das Essen ablehnt oder ohne Unterlass weint – es ist völlig verständlich, dass eine solche Situation eine Herausforderung für frisch gebackene Eltern darstellt. Doch Sie dürfen sich und Ihrem Baby vertrauen – denn

Sie und auch Ihr Spross bringen eine natürliche Kompetenz mit, mit deren Hilfe es Ihnen gelingen wird, sich aufeinander einzustellen. Wenn Sie mit offenen Augen und Ohren bei Ihrem Baby sind, können Sie seine Mimik sehr genau lesen und seine Lautäußerungen hören – und das ganz ohne Worte.

Wichtig ist: Vertrauen Sie dabei auf Ihre Intuition, und Sie werden richtig und aus der Sicht Ihres Babys angemessen reagieren können. Und vergessen Sie nicht: Ein Baby, das von seinen Eltern beachtet wird, wenn es weint, lernt, dass es wichtig ist. Es erfährt, dass seine Bedürfnisse ernst genommen werden und entwickelt Vertrauen in seine Bezugspersonen.

Weinen als Ausdrucksform

Weinen ist immer ein Signal dafür, dass etwas nicht stimmt. Dabei öffnet sich das Baby sozusagen, um seine Spannung nach außen zu lassen. Übrigens gibt es für das Weinen schon im Vorfeld eine Reihe von Anzeichen, die Sie kennen sollten. Aus heiterem Himmel fängt ein Baby selten an zu weinen – es sei denn, es erschrickt.

Dass Ihr Baby unruhig wird, erkennen Sie zunächst daran, dass es den Kopf hin- und herdreht, unzufrieden aussieht und Grunzlaute von sich gibt. Es beginnt, mit den Armen zu fuchteln, strampelt gegebenenfalls mit den Füßen und wirkt sehr aufgeregt. Schließlich kommen ein Stirnrunzeln und Wimmern dazu, vielleicht laufen

Babys Mimik richtig deuten

Mimik	Deutung
steile Falte über der Nasenwurzel, Querfalten über der Stirn	Unwohlsein, Unsicherheit
entspannter Gesichtsausdruck, wacher Blick, Spielen mit Fingern oder Zehen, aufmerksames Betrachten der Umgebung	aktive Wachphase
in die Ferne schauen, kaum Bewegung	inaktive Wachphase
weit geöffnete Augen	Aufmerksamkeit, Staunen oder Angst
hochgezogene Augenbrauen	Erstaunen
„Denkerfalte", angespannte Körperhaltung, zusammengekniffene Augen, geballte Fäustchen	Irritation, Unzufriedenheit
offener Mund, ausgestreckte Arme	Aufforderung zur Unterhaltung, Interaktion

auch schon die ersten Tränen. Wenn Sie Ihr Kind in dieser Phase nicht wahrnehmen und beachten, so wird das Weinen rhythmischer und regelmäßiger. Sie können sich sicher vorstellen, dass es nun zunehmend schwieriger wird, es zu beruhigen.

Tipp

Zusammen mit dem Kind entscheiden

Lassen Sie Ihr Kind bei alltäglichen Fragen schon früh mitentscheiden. Stellen Sie dafür keine Ja-Nein-Fragen, da das Kind leicht mit einem trotzigen „Nein" antworten könnte. Stellen Sie lieber Alternativfragen: Fragen Sie: „Willst du dir selbst die Schuhe anziehen oder soll ich dir dabei helfen?" Ihr Kind hat keine Möglichkeit, auf diese Frage negativ zu antworten. Sie geben ihm das Gefühl, mit entscheiden zu dürfen, auch wenn es noch nicht richtig sprechen kann.

Im Alltag mit Ihrem Kind werden Sie immer wieder auch an Ihre Grenzen stoßen und Fehler machen. Denken Sie daran, dass Sie als Eltern nicht perfekt sein können und auch nicht sein müssen. Das gehört dazu. Kinder brauchen keine perfekten Eltern. Sie brauchen Eltern, auf die sie sich verlassen können und bei denen sie sich sicher und geborgen fühlen.

Die frühkindliche Entwicklung – vom Baby zum Kleinkind

Auf dem Weg vom Säugling zum Kleinkind hat Ihr Baby viele Schritte zurückzulegen. Wahrscheinlich werden Sie manchmal staunen, wie rasant Babys Entwicklung im ersten Jahr verläuft. Denn nie wieder in seinem weiteren Leben wird sich die Entwicklung so schnell vollziehen. Nur im Mutterleib war das Tempo noch höher!

Sinnesentwicklung und -wahrnehmung

Die Wahrnehmung wird gerne als unser „Tor zur Welt" bezeichnet. Das ist sehr zutreffend formuliert. Denn alle Informationen und Eindrücke, die

wir benötigen, um uns ein Bild von unserer Umwelt zu machen und um mit und in ihr interagieren zu können, teilen uns unsere Sinne mit. Tasten, Riechen, Schmecken, Fühlen, Hören und Sehen vermitteln auch einem Neugeborenen bereits erste Eindrücke seiner Umgebung. Im Folgenden finden Sie einen kurzen Überblick über bestimmte Meilensteine der frühkindlichen Sinnesentwicklung und -wahrnehmung. Denken Sie bitte daran, dass die entsprechenden Altersangaben Durchschnittswerte sind.

Das Sehen: Im ersten Monat kann Ihr Neugeborenes Gegenstände, die Sie ihm in einem Abstand von rund 20 bis 25 Zentimetern vor die Augen halten, für einige Sekunden fixieren. Das entspricht in etwa dem Abstand, den Babys beim Stillen zum Gesicht ihrer Mutter haben. Zudem kann Ihr Baby innerhalb dieser Distanz nicht nur hell und dunkel, sondern auch einige intensive Farben differenzieren. Dies zusammen bildet eine gute Voraussetzung dafür, dass sich ein Säugling bald

auch selbst nach neuen Reizen umsehen wird. Dennoch gibt es auch einiges, was er erst in den kommenden Monaten erlernen wird. Dazu zählen unter anderem die exakte Anpassung der Augen an verschiedene Entfernungen, das längere Fixieren von Gegenständen und das Aufeinanderabstimmen von Kopf- und Augenbewegungen. Ab einem Alter von etwa drei Monaten schaut sich das Baby interessiert um. Mit etwa sechs Monaten kann es einen sich bewegenden Gegenstand mit den Augen verfolgen oder ein Spielzeug selbst in der Hand halten und aufmerksam betrachten. Ab etwa neun Monaten erinnert sich Ihr Baby dann an einzelne Dinge und erkennt sie wieder. Mit etwa einem Jahr bemerkt es z. B., wenn ein Bild auf dem Kopf steht und wird es aller Voraussicht nach umdrehen.

Das Hören: Schon im Mutterleib kann ein Baby hören. Neben dem Herzschlag, der durch das Fruchtwasser etwas gedämmt klingt, anderen Körpergeräuschen und auch der Stimme der Mutter nehmen Babys im Mutterleib Musik und andere Geräusche von außen auf. Auch der Ansatz des sogenannten Hörgedächtnisses wird entwickelt. Wenn es auf die Welt kommt, kann ein Neugeborenes bereits die Stimme seiner Mutter von anderen Stimmen unterscheiden. Unmittelbar nach der Geburt verfügen Babys außerdem über ein relativ gutes Gehör, reagieren durch das Drehen ihres Kopfs in die entsprechende Richtung auf die

Geräusche – am Anfang noch reflexhaft, dann immer bewusster. Noch bis zu einem Alter von drei Monaten hört ein Baby am allerliebsten die Stimme seiner Mutter.

Ab einem Alter von etwa drei Monaten reagiert es bewusster auf Geräusche und dreht seinen Kopf zunehmend sicher in die Richtung, aus der dieser akustische Reiz kommt. Zu diesem Zeitpunkt kommen Konzentration und Aufmerksamkeit ins Spiel. Gut zu wissen, dass dies ein Aspekt ist, der für die Sprachentwicklung von größter Bedeutung ist. Die Hörfähigkeit zu fördern, heißt daher auch, Babys Sprachentwicklung zu unterstützen.

Mit etwa sechs Monaten beginnt Ihr Baby dann, Gesprächen um sich herum aufmerksam zu lauschen – am liebsten natürlich, wenn Mama und Papa sich unterhalten. Zudem versteht es jetzt die ersten Worte. Wenn Ihr Baby neun Monate alt ist, wird es schon auf seinen Namen, mit zwölf Monaten bereits auf die ersten Aufforderungen reagieren. Bis zum Ende des ersten Lebensjahres drehen Kinder übrigens immer zuerst ihren Kopf, bevor sie dann die Augen auf die Geräuschquelle richten. In der weiteren Entwicklung werden diese Bewegungen jedoch stärker miteinander verbunden und gezielter auf die entsprechende Quelle ausgerichtet.

Tasten und Fühlen: Alle Wahrnehmungen, die mit Berührungen zusammenhängen, sind ein Leben lang von großer Bedeutung. Als erster Sinn entwickelt sich schon ab dem dritten Schwanger-

schaftsmonat das Tastempfinden des Embryos. Erst einmal auf die Welt gekommen, sind Babys ganz besonders auf Berührungen angewiesen. Diese Berührungsreize stellen für Ihr Neugeborenes den direkten Kontakt zur Welt – und damit zu Ihnen – dar. Und auch die ersten angeborenen Reflexe werden durch Berührung ausgelöst. Ab einem Alter von drei Monaten nehmen Babys fast alles, was sie greifen können, zunächst in den Mund und saugen daran. Denn Lippen und Zunge helfen ihnen dabei, sich einen Eindruck von der Beschaffenheit des Gegenstandes zu machen. Auf Lippen und Zunge finden sich eine Vielzahl von Drucksinneszellen.

Im weiteren Verlauf der Entwicklung, mit etwa sechs Monaten, entwickelt ihr Baby nun im wahrsten Sinne des Wortes „Fingerspitzengefühl" und wird seine Fingerspitzen dazu benutzen, die Dinge um sich herum zu erforschen. Dazu müssen sich die Greiffähigkeit, aber auch das Gefühl in den Fingerspitzen entwickeln – dann steht dem Forscherdrang nichts mehr im Wege. Für eine gesunde Entwicklung des Tastsinnes ist es wichtig, dass Kinder immer wieder die Gelegenheit bekommen, ihre Hände und auch Füße auf die verschiedensten Arten zu bewegen und einzusetzen, um die dort befindlichen Sinneszellen zu stimulieren. Denn die Tastkörperchen der Haut, also die Nervenenden, die sensibel auf Berührung reagieren, sind nicht gleichmäßig über den ganzen Körper verteilt. Es gibt Regionen, in denen sich mehr Tastzellen befinden als in anderen Körperzonen. Die meisten dieser Tastkörperchen finden wir an den Händen und an den Füßen.

Riechen und Schmecken: Kaum auf die Welt gekommen, kann ein Neugeborenes schon riechen und schmecken. Das Riechen ist schon so stark ausgeprägt, dass es nach kurzer Zeit seine Mutter am Geruch erkennen kann. Und auch den Geschmack von (Mutter-) Milch nimmt es sehr deutlich wahr. Ab einem Alter von etwa drei Monaten können Sie bei Ihrem Baby bemerken, dass es Abscheu und sogar Ekel bei von ihm als schlecht empfundenem Geruch oder Geschmack zeigt. Wenn ein Kind etwa sieben Monate alt ist, kann es beim Essen zwischen verschiedenen Gerüchen und Geschmackseindrücken unterscheiden. Mit etwa einem Jahr entwickelt sich das Erinnerungsvermögen an Gerüche und Geschmäcke.

Körperwahrnehmung und Gleichgewicht

Zu den Aufgaben, die am Beginn des Lebens auf Ihr Baby warten, gehört unter anderem, zu erkennen, dass Hände und Füße Teil des eigenen Körpers sind. So unterstützt z. B. intensiver Hautkontakt durch Streicheln und Kuscheln das Neugeborene dabei, sein Körperbewusstsein zu entwickeln. Dabei geht es aber nicht nur um die Erscheinungsform und das Spüren des eigenen Körpers. Körperbewusstsein ist viel mehr: Wer es hat, kann die Möglichkeiten und Fähigkeiten des eigenen Körpers richtig einschätzen und einsetzen. Und dazu gehören die grob- und feinmotorischen Fähigkeiten ebenso wie die eigenen Sinne. Auch deren Entwicklung macht den Start ins Leben anspruchsvoll. Zusammen mit ihren motorischen Fähigkeiten entwickeln Kinder übrigens auch ihren Gleichgewichtssinn weiter.
Ihr Neugeborenes umfasst alles, was Sie ihm in die Hand legen. Mit etwa drei Monaten lockern sich seine Hände, es wird sozusagen wählerischer beim Greifen. Es beginnt außerdem damit, die Haltung seines Kopfs zu kontrollieren. Mit etwa sechs Mona-

ten gelingt diese Kontrolle dann schon sehr gut. Ab einem Alter von drei Monaten schaut es zudem seine Hände an und spielt mit ihnen. Mit rund neun Monaten kommt der nächste Entwicklungsschritt: Ihr Baby kann sitzen und sich zur Seite abstützen. Vor dem Sitzen lernen Kinder in der Regel jedoch das Krabbeln oder Robben. Aus der Bauchlage heraus versucht Ihr Spross zunächst, in den sogenannten Hand-Knie-Stand zu kommen. In dieser Position wippt er einige Zeit hin und her, bevor er mit dem koordinierten Krabbeln beginnt.

Übrigens: Denken Sie bitte daran, dass Sie Ihrem Baby nichts Gutes tun, wenn Sie es lange allein aufrecht hinsetzen, bevor es krabbeln kann. Selbst wenn Sie es mit einem Kissen abstützen. Im Gegenteil: Es schadet seinem Rücken und kann zu Haltungsschäden führen. Bald nach dem Krabbeln steht ein Kind gegebenenfalls bereits mithilfe einer stützenden Hand. Mit etwa einem Jahr kann es dann selbstständig stehen und wagt seine ersten Schritte. Ganz allein!

Grundsätzlich gilt: Ermöglichen Sie Ihrem Kind immer wieder vielfältige Bewegungserfahrungen – von Anfang an. Denn Kinder brauchen diese Erlebnisse, damit sich ihre motorischen Fähigkeiten entwickeln können. Sie sind auf Bewegung angewiesen, um ihre sensorischen und geistigen Fähigkeiten ausbilden zu können. Und nicht zuletzt sind Bewegungserfahrungen notwendig, damit das soziale Miteinander erfahren und ausprobiert werden kann. Gerade in dieser Hinsicht finden Sie im PEKiP zahlreiche interessante Anregungen, die wir Ihnen im Praxisteil genauer vorstellen.

Info

Der Klammerreflex

Dieser Reflex wird durch Berührung der Hand- oder Fußinnenseite und auch der Bauchseite ausgelöst. Er führt zu einer Klammerbewegung und besteht aus einer Folge von bestimmten Finger- und Zehenbewegungen. Beim Menschen gilt dieser Reflex als Verhaltensrudiment, sozusagen als Überbleibsel früherer Entwicklungsstufen. Denn der Klammerreflex dient vor allem baumbewohnenden Säugetieren dazu, dass ein vom Elterntier getragenes Junges (Tragling) nicht herunterfällt.

Jedes Kind ist anders

Im vorangegangenen Abschnitt haben Sie einiges über die Entwicklung der einzelnen Sinne und Wahrnehmungsbereiche erfahren. Bitte denken Sie daran, dass dies vorrangig zur Orientierung dient und einen durchschnittlichen Entwicklungsverlauf skizziert. Daher ist es wahrscheinlich, dass Ihr Kind mindestens in einem dieser Bereiche von der Schilderung abweicht. Denn jedes Kind hat sein eigenes Tempo und vor allem auch ein Recht darauf.

Die Entwicklung vom Baby zum Kleinkind verläuft zwar prinzipiell in einer bestimmten Reihenfolge, doch die Geschwindigkeit, mit der die einzelnen Entwicklungsstufen erreicht und durchschritten werden, ist individuell und sozusagen selbstbestimmt. Frühstarter, Spätzünder und „Durchschnittskinder" – davon gibt es jede Menge. Manches Kind lässt das Krabbeln aus und macht sofort seine ersten Schritte, andere „laufen" noch eine Weile auf den Knien, bevor sie sich die ersten Schritte zutrauen.

Wie dem auch sei – lassen Sie sich zudem durch etwaige „Besonderheiten" Ihres Babys nicht entmutigen, denn Eigenheiten sind geradezu normal. Zudem werden sich bestimmte Vorlieben und Abneigungen verändern, andere gehören wiederum einfach zu seinem Wesen. Schließlich durchläuft jeder Mensch im Laufe seines Lebens viele verschiedene Entwicklungsprozesse. Besonders zahlreich und intensiv sind sie jedoch gerade in den ersten Lebensjahren.

Vorsorgetermine im ersten Lebensjahr

Die dem Alter entsprechende körperliche und geistige Entwicklung des Babys wird im ersten Lebensjahr bei insgesamt sechs Vorsorgeuntersuchungen von einem Kinderarzt überprüft. Sie haben bei diesen Untersuchungen zudem die Gelegenheit, Fragen zu stellen. Grundsätzlich gilt: Je früher Störungen erkannt werden, umso besser kann geholfen werden.

- U 1: gleich nach der Geburt
- U 2: 3. bis 10. Lebenstag
- U 3: 4. bis 6. Lebenswoche
- U 4: 3. bis 4. Lebensmonat
- U 5: 6. bis 7. Lebensmonat
- U 6: 10. bis 12. Lebensmonat

Es gibt ein großes Spektrum an zeitlichen Möglichkeiten, innerhalb dessen sich die frühkindliche Entwicklung abspielt. Daher sind Vergleiche mit Gleichaltrigen schwierig und selten hilfreich. Jedes Neugeborene bringt einen „inneren Plan" mit, nach dem es sich körperlich und geistig entwickeln wird, sowie gewisse Anlagen. Lassen Sie sich also bitte nicht verunsichern, denn die beste Voraussetzung für eine gute Entwicklung ist der sichere Rückhalt, den Sie Ihrem Kind geben können. Schauen Sie vor allem, was es schon besonders gut kann – denn jedes Baby kann etwas! Sollten Sie es dennoch für möglich hal-

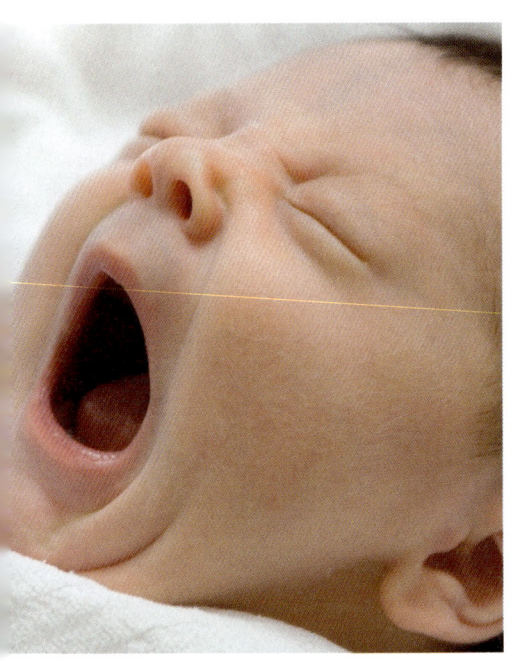

Grundlagen für den aktiven Austausch mit seiner Umwelt.

Motor der Sprachentwicklung: Von Beginn an hat ein Neugeborenes das Bedürfnis nach Verständigung. In den ersten Lebensmonaten ist das Schreien sein stärkstes Ausdrucksmittel. Aber auch durch Körpersprache, Gesichtsausdruck und im Blickkontakt signalisiert Ihr Kind Ihnen, ob es sich wohl oder unwohl fühlt, ob es spielen will oder seine Ruhe haben möchte. Indem Sie – intuitiv meist richtig – auf Babys Äußerungen reagieren und diese entsprechend beantworten, gewinnt Ihr

ten, dass Ihr Kind Entwicklungsdefizite aufweist, wenden Sie sich am besten an Ihren Kinderarzt.

Sprachentwicklung im ersten Lebensjahr

Von Geburt an zeigt Ihr Baby seine besondere Vorliebe für menschliche Stimmen und ist ganz aufmerksam, wenn Mutter oder Vater mit ihm sprechen. Die menschliche Stimme ist interessant, und es kommt zunächst gar nicht so sehr darauf an, was, sondern wie etwas gesagt wird. Sprache ist zugleich von Geburt an ein wichtiges Bindeglied in der Eltern-Kind-Beziehung. Und noch lange bevor Ihr Kind selbst sprechen kann, erwirbt es

Kind die immens wichtige Einsicht, dass es sich mitteilen und damit etwas erreichen kann. Es lernt auch, dass Verständigung Spaß macht und dies zu seinem Wohlbefinden beiträgt.

Sprach- und Sprechmelodie: Schon in den ersten Lebenswochen verfeinert ein Neugeborenes zunehmend die Fähigkeit, Stimmen und Sprachmelodien – z. B. beruhigend oder aufgeregt – zu differenzieren. Im Alter von etwa zwei Monaten weiß ein Baby, dass es einen Zusammenhang zwischen seinem Befinden und der Art und Weise, wie Sie es ansprechen, gibt. Mit etwa drei bis vier Monaten, lernt es, auch das, was rundum passiert, mit der gehörten Sprache in Verbindung zu setzen. Es kann nun beispielsweise einen freundlichen Gesichtsausdruck und Klang von einem ärgerlichen unterscheiden. Kaum einen Monat später begreift es, dass ein ärgerlicher Gesichtsausdruck auch mit einer ärgerlichen Stimme, ein lächelndes und freundliches Gesicht dagegen mit einer freundlich klingenden Stimme verbunden ist.

Erstes Wortverständnis: Im ersten halben Jahr hat ein Kind in Sachen Sprache schon einiges gelernt. Es versteht zwar noch nicht den Inhalt einzelner Wörter oder die Bedeutung ganzer Sätze, dennoch sind ihm viele Wörter sowie die damit verbundenen Tätigkeiten schon vertraut geworden. Mit zunehmender Mobilität interessiert sich Ihr Kind mehr und mehr für seine Umwelt, erkundet die Gegenstände mit den Händen, mit dem Mund, mit den Augen. Ermunternder Zuspruch lässt es begreifen, dass bestimmte Personen mit einem bestimmten Namen, Gegenstände, Situationen und Handlungen mit bestimmten Worten verbunden sind. Ab einem Alter von etwa acht Monaten beginnt Ihr Kind schließlich, die ersten Worte wirklich zu verstehen. Doch diese sind, ebenso wie Form oder Farbe, für es noch untrennbar mit einem bestimmten Gegenstand verbunden. Gegen Ende des ersten Lebensjahres kann ein Kind wahrscheinlich bereits rund 50 bis 100 Wörter verstehen. Es begreift nun auch einfache Aufforderungen und reagiert sinngemäß auf Fragen.

Auf dem Weg zum ersten Wort: Ein Kind entwickelt im Verlauf seines ersten Lebensjahres auch erstaunliche Fähigkeiten, Laute zu bilden und zu äußern. Mit etwa zwei Monaten, vielleicht auch schon früher, beginnt Ihr Baby gurrend und schnalzend mit seinen ersten, zunächst eher zufälligen Stimmübungen. Wenn Sie darauf antworten, können Sie sich der zunehmenden Aufmerksamkeit Ihres Kindes sicher sein. So lernt es nun nach und nach, die anfangs zufälligen Muskelbewegungen in Mund, Hals und Kehlkopf immer besser zu kontrollieren.

Mit etwa drei Monaten antwortet Ihr Kind, egal ob quietschend oder juchzend, wenn Sie es ansprechen oder mit ihm spielen. Es erprobt nun mit wach-

sender Freude seine Stimme, lacht und brabbelt vokalartige Laute vor sich hin oder versucht, Sie damit zum Spielen aufzufordern.

Ab etwa fünf, sechs Monaten plappert Ihr Kind erste Silben, indem es verschiedene Laute miteinander verbindet. Wenn Sie ihm genau zuhören, dann werden Sie bemerken, dass es sich dabei selbst zuhört und seine Laute immer mehr der gehörten Sprache seiner Umwelt anzupassen lernt. Lassen Sie sich ruhig immer wieder aufs Neue auf ein Rede- und Antwortspiel ein, Ihr Kind antwortet mit verschiedenen Lauten und Tönen. Es lauscht, wenn Sie Töne nachahmen und wiederholen, es ist begeistert, wenn es Ihnen erneut antworten kann. Gegen Ende des ersten Lebensjahres, vielleicht auch etwas später, beginnt Ihr Kind schließlich die ersten Wörter zu sprechen. Meist sind dies Wörter wie Mama, Papa oder Oma sowie solche mit symbolischer Bedeutung wie z. B. „Wauwau" für Hund.

Die Bedeutung des Spiels

Was bedeutet Spielen eigentlich? Wenn Kinder spielen, dann sind sie in Bewegung, ohne Zwang, aber in der Regel mit viel Freude. Der Impuls kommt vielfach und idealerweise vom Baby selbst. Denn schon ein Säugling kann eines wirklich gut: die verschiedensten Dinge ausprobieren.

Mit zunehmender Bewegungsfähigkeit und einem wachsenden Bewusstsein für den eigenen Körper fängt er zunächst damit an, sich an den Bewegungen seiner Finger zu erfreuen. Der Säugling spielt auf unterschiedlichste Weise mit ihnen und kann sich ausdauernd damit befassen. Und auch seine Zehen dienen ihm bald als „Spielzeug". Zudem wird alles, was in Babys Finger kommt, erst einmal festgehalten und in den Mund gesteckt.

Wenige Monate später erwacht der Forscherdrang im Kinde – und nun wird alles, was es in die Hände bekommt, interessiert bewegt, begutachtet und im Detail auf seine Beschaffenheit hin untersucht.

Auch später ist Spielen viel mehr als Zeitvertreib: Denn über das sinnvolle

Spiel begreifen Kinder ihre Welt. Dazu sollten sie vielfältige Sinneserfahrungen machen können, sei es durch die Verwendung verschiedener Materialen wie Sand und auch Matsch, Wasser oder Holz. Dass sich viele Alltagsgegenstände problemlos in einen Spielgegenstand verwandeln lassen, können Sie im letzten Kapitel dieses Ratgebers nachlesen.

Und auch, wenn ein Kind Dinge selbst in Bewegung bringt, passiert mehr als das: Es lernt wichtige Zusammenhänge sowie Ursache und Wirkung kennen – und es ist selbst in Bewegung. Die vielfältigen Anregungen, die dieser Ratgeber für Sie und Ihr Baby bereithält, wird Sie unter anderem dabei unterstützen, eine anregende Spielatmosphäre zu schaffen und Ihrem Baby zahlreiche Möglichkeiten zur Entfaltung und zu interessanten Erfahrungen zu geben.

Die Förderung der Entwicklung

Vorteile für Babys Entwicklung

Im vorangegangenen Abschnitt haben Sie bereits einiges über Babys Entwicklung erfahren und auch, dass die Entfaltung der Bewegungsfähigkeit eng mit der Entwicklung seiner weiteren Fähigkeiten zusammenhängt. Sie können Ihr Baby auf vielfältige Weise darin unterstützen, seine Möglichkeiten von Anfang an optimal zu entfal-

ten. Denn als seine Bezugsperson vermitteln Sie ihm praktisch den Zugang zur Welt. Bei allem, was Ihr Baby in den kommenden Wochen und Monaten (und im weiteren Verlauf der Kindheit) tut, gewinnt es nach und nach wichtiges Wissen über sich selbst: zuallererst darüber, wie es seinen Körper und auch seine Sinnesorgane nutzen kann. PEKiP betrachtet die sensomotorische und psychosoziale Kontaktaufnahme als Einheit. Wenn Sie Ihrem Kind Entwicklungsanreize zur aktiven Bewegung geben, schaffen Sie so eine entscheidende Voraussetzung für seine gesunde Entwicklung.

Die Art des Zusammenspiels und die Anreize, die beim PEKiP praktiziert werden, setzen vor allem auf Ihre Aufmerksamkeit und Ihre Achtsamkeit

Info

Die Welt verstehen

Gut zu wissen: Sie legen mit einer liebevollen Beziehung zu Ihrem Kind den Grundstein für seine Neugier und den Drang, die Welt entdecken und verstehen zu wollen. Mit Ihrer Hilfe lernt es, seinen Sinneseindrücken und -wahrnehmungen Struktur zu verleihen und sie nach und nach zu begreifen.

Ihrem Kind gegenüber. Denn es geht, wie bereits angesprochen, nicht darum, seine Entwicklung mit den vorgestellten Anregungen zu beschleunigen, sondern Babys Spielverhalten durch Ermuntern und Abwarten ausgewogen zu unterstützen.

Im Praxisteil werden Sie es genauer sehen: Die Babys werden niemals passiv bewegt, sondern immer nur dazu angeregt, etwas selbst zu tun. Dabei werden Impulse gesetzt – und Ihr Spross entscheidet selbst, ob er diesem Impuls folgt. Tut er dies, so wird das Ergebnis ihn zugleich in seinem Selbstbewusstsein stärken. Die Babys werden also nicht „bespielt", sondern in ihrer Eigenaktivität angeregt. Der Blick richtet sich dabei immer auf die Bedürfnisse des Säuglings, und die Anregungen werden flexibel dem jeweiligen und fortschreitenden Entwicklungsstand angepasst.

Stärkung der Eltern-Kind-Beziehung

PEKiP beeinflusst die Eltern-Kind-Beziehung positiv, kann sie intensivieren und vertiefen. Sie werden rasch bemerken, wie aufmerksam Ihr Baby während der Spielzeit in der Regel ist und wie sehr es sich über die liebevolle Zuwendung und Ihre Nähe freut. Der intensive Kontakt mit Ihrem Baby macht aber nicht nur Spaß, sondern verleiht Ihnen als Elternteil zugleich Sicherheit im Umgang mit Ihrem Kind. Sie lernen Ihr Baby und seine Vorlieben und Abneigungen immer besser kennen. Sie können seine ganz individuellen Wünsche und Bedürfnisse anhand seiner zarten „Äußerungen" auf der nicht sprachlichen Ebene besser einordnen und verstehen. Das gibt Ihnen als Eltern Selbstvertrauen, während Sie bei dieser Form der Interaktion Ihre Beobachtungsgabe weiter schärfen. Bei aufmerksamer Ausübung entwickeln Sie also zunehmend ein Gespür für die Gefühle und Bedürf-

Auch Eltern müssen lernen

Die Signale ihres Babys richtig zu verstehen, ist nur einer der Aspekte, den frisch gebackene Eltern – trotz aller Intuition – erst lernen müssen. Auch auf diese Signale einzugehen und die richtigen „Antworten" zu geben, ist zu Beginn nicht immer ganz einfach.

Ebenso müssen sie die Balance zwischen Reiz und Ruhe mit und für ihr Baby lernen – und dabei gleichzeitig ihr eigenes Verhalten der Toleranzgrenze des Babys gegenüber Reizen anpassen. Dass Mutter und Vater dabei die eigenen Reaktionen auch einmal dämpfen müssen, liegt in der Natur der Sache. Ganz wichtig ist zudem, dass Eltern erkennen lernen, wann das Baby seine Ruhe braucht – und dass sie ihm diese zugestehen.

nisse Ihres Babys. Und denken Sie daran: Jede liebevolle Berührung und Form der Zuwendung stärkt das Urvertrauen Ihres Kindes und trägt dazu bei, dass es eine gesunde und stabile Bindung entwickeln kann.

Babys Lieblingsspiele

Aus der Vielzahl der Anregungen für die unterschiedlichen Altersstufen, die Sie im Praxisteil finden, können Sie nach und nach Babys Lieblingsprogramm zusammenstellen. Denn wenn Sie die folgenden Regeln beachten, werden Sie schnell herausfinden, was Ihrem kleinen Liebling besonders viel Spaß macht.

▸ Orientieren Sie sich zunächst bitte immer am tatsächlichen Entwicklungsstand Ihres Kindes und nicht nur an seinem Alter.

▸ Seien Sie aufmerksam: Macht Ihr Baby gerade eher den Eindruck, dass es ein ruhiges Spiel bevorzugen würde oder ist es schlichtweg putzmunter und energiegeladen?

▸ Anregungen, mit denen Ihr Kind schon vertrauter ist, können Sie zu einem späteren Zeitpunkt wiederholen. Vielleicht hat es auch ein paar Lieblingsspiele – diese dürfen Sie natürlich jederzeit wieder anbieten.

Es ist sinnvoll, Spiele mit einem gewissen zeitlichen Abstand mehrmals zu wiederholen. Auf diese Weise können Sie zum einen die Vorlieben Ihres Babys besser erkennen, zum anderen wird das Erinnerungsvermögen des Kindes gestärkt.

PEKiP im Alltag

Im nachfolgenden Kapitel ab Seite 27 erfahren Sie alles Wissenswerte rund um das Prager-Eltern-Kind-Programm, vor allem auch über den Aufbau und Ablauf einer Gruppenstunde. Wie bereits erwähnt, steht bei PEKiP nicht nur das Kind im Mittelpunkt, sondern auch Sie als Eltern und die Begegnung mit anderen Eltern und deren Kindern sind wichtig. Zudem ist die fachkundige Begleitung durch eine erfahrene Gruppenleitung eine Hilfe in vielerlei Hinsicht.

Dennoch können Sie PEKiP auch problemlos zu Hause und im Alltag anwenden. Das heißt konkret: Es muss nicht immer eine ganze „Spieleinheit" von eineinhalb Stunden sein, die Sie reservieren. Sie können sich aus den zahlreichen Anregungen beispielsweise auch für jeden Tag eine oder zwei heraussuchen, die Sie Ihrem Kind mit wenig Aufwand zwischendurch anbieten. Das bedeutet natürlich nicht, dass Sie ihm dabei nicht die entsprechende Aufmerksamkeit zuteilwerden lassen sollen. Doch diese „Impulse zwischendurch" findet Ihr Baby mindestens genauso spannend.

Wenn Ihr Baby jedoch keine Lust zum Spielen hat, dann wird es Ihnen das deutlich zu verstehen geben und auf seine Weise zum Ausdruck bringen. Denken Sie daran, dass Ihr Baby nicht nur Anregungen benötigt, sondern auch eine angemessene Zeit, um die gewonnenen Sinneseindrücke zu verarbeiten und zur Ruhe zu kommen.

Beginn des selbstständigen Spiels

Wenn Sie sehen, dass Ihr Kind sich gerade allein beschäftigt, dann sollten Sie es dabei nicht unterbrechen. Gut zu wissen: Die meisten Babys liegen z. B. nach dem Aufwachen ruhig in ihrem Bett, betrachten ihre Umgebung oder beginnen, mit den Händen zu spielen. An dieser Stelle beginnt bereits das selbstständige Spiel – und auch das sollten Sie angemessen fördern. Denn schon drei bis vier Monate alte Babys können sich eine Zeit lang selbst beschäftigen.

Wenn Sie Ihr Baby auch darin unterstützen, indem Sie es einfach das tun lassen, woran seine Aufmerksamkeit gerade hängt, dann fördern Sie nicht nur seine Selbstständigkeit. Ihr Baby trainiert zugleich seine Konzentrationsfähigkeit und macht die Erfahrung, dass es ohne direkte Unterstützung von Mama oder Papa etwas tun kann.

In dieser Zeit sollten Sie übrigens vor allem darauf achten, dass es um Ihr Baby herum ruhig und entspannt ist – Fernseher und Radio sollten auf jeden Fall ausgeschaltet sein!

Wissenswertes rund um PEKiP

PEKiP in der Gruppe

Wie stimmt man das Baby richtig auf die PEKiP-Spiele ein und wie lässt man die Übungen sanft ausklingen? Wie läuft eine Gruppenstunde ab und wie die Übungen zu Hause? Was sollten die Eltern beachten? Alles Wissenswerte zum Prager-Eltern-Kind-Programm erfahren Sie in diesem Kapitel.

Die richtige Größe für eine PEKiP-Gruppe liegt bei sechs bis acht Kindern mit ihren Müttern oder Vätern. Eltern, Kinder und die Gruppenleitung kommen einmal in der Woche zusammen. In der Regel dauert das Treffen einer PEKiP-Gruppe 90 Minuten. Dies mag auf den ersten Blick lang erscheinen, doch auch das An- und Ausziehen der Babys gehört in diese Zeit hinein.

Generell sollten die Kinder, die in einer Gruppe sind, in etwa das gleiche Alter haben, da sie mit gleichaltrigen Babys besser in Kontakt kommen und je nach Altersstufe unterschiedliche Wege der Kontaktaufnahme wählen. So wird ein Baby mit drei Monaten zunächst durch Blicke den Kontakt suchen, ein Baby im Krabbelalter sich hingegen schon auf seinen potenziellen Spielgefährten zubewegen. Und auch die Themen, die die Eltern in die Runde einbringen, entsprechen sich eher als bei größeren Altersunterschieden zwischen den Kindern. Außerdem sind die einzelnen Spiel- und Bewegungsanregungen in die vier Quartale des ersten Lebensjahres eingeteilt.

Info

Erste Kontakte

Babys sind schon früh in der Lage, Kontakte zu knüpfen. Natürlich sind diese ersten Versuche des Beziehungsaufbaus noch nicht so komplex, wie es unter Erwachsenen der Fall ist. Doch wissenschaftliche Untersuchungen unter Leitung des Sozialwissenschaftlers Hans Ruppelt zeigten Babys Fähigkeiten in dieser Hinsicht.
Während Kinder im Alter von drei Monaten auf Blickkontakt setzen, wenden sie sich, nur wenig älter, einem anderen Kind zu, greifen nach ihm oder versuchen, sich in dessen Richtung zu bewegen. Natürlich kommen auch Mimik, gegebenenfalls ein Lächeln oder entsprechende Laute hinzu.

PEKiP kann bereits Babys angeboten werden, die vier bis sechs Wochen alt sind. Im Idealfall bleibt die Besetzung der Gruppe über das erste Lebensjahr hinaus konstant, sodass sich immer wieder dieselben Teilnehmer treffen. Eine wichtige Grundlage dafür, dass sich die Kinder in dieser Runde wohlfühlen. Bei den vorgeschlagenen Bewegungs- und Spielanregungen geht es vor allem darum, dass die Eltern aus der Vielzahl der Anregungen diejenigen auswählen können, die am besten zu ihrem Baby passen und ihm am meisten Spaß machen. Die Anregungen sollten dabei – wie bereits angesprochen – mehrere Male wiederholt werden, denn so lernt es sie am besten und kann sich auf das, was es erwartet, einstellen.

Elternsprechstunde

Zusätzlich zu den regelmäßigen Gruppentreffen bieten PEKiP-Gruppenleiter in der Regel auch zusätzliche „Elternabende" an, bei denen wichtige Themen vertieft oder auf Wunsch besondere Probleme angesprochen werden können.

Förderung der Selbstständigkeit

Gut zu wissen: Die Spiel- und Bewegungsanregungen von PEKiP stützen sich in den ersten sechs Monaten auf den engen Kontakt zwischen Baby und Mutter oder Vater und die Unterstützung des Beziehungsaufbaus. Im zweiten Halbjahr geht es dann aber auch darum, dass die Kinder langsam selbstständiger werden und in einem vertrauten Raum die ersten Versuche unternehmen können, sich von Mama oder Papa zu lösen.

Diese ersten Schritte mögen einem Erwachsenen klein erscheinen, für ein Baby sind sie wahre Meilensteine der Entwicklung. Wichtig dabei ist, dass es sich sicher fühlt und seine vertraute Bezugsperson in der Nähe weiß. Am Anfang ist es vielleicht nur ein halber

Meter, den sich Ihr Baby von Ihnen entfernt. Doch solange Sie in der Nähe sind, kann es sich im Raum bald immer weiter entfernen und durch Blicke den Kontakt zu Ihnen als sichere Basis wahren, zu der es nach seinen Entdeckungsreisen zurückkehren kann. Denken Sie also daran, dass PEKiP die Entwicklung Ihres Kindes zur Selbstständigkeit fördert. Nicht selten fällt es Eltern schwer, ihr Kind in die Eigenständigkeit zu lassen.

Papazeit

Um auch berufstätigen Vätern die Möglichkeit zu geben, eine besondere Spielstunde mit ihrem Kind zu erleben, gibt es inzwischen immer häufiger das Angebot, im Rahmen eines regulären Kurses auch eine spezielle „PEKiP-Stunde für Väter" zu besuchen, die dann am Wochenende stattfindet.

Gruppenerlebnis

Wenn Sie mit Ihrem Kind regelmäßig an den Gruppenstunden teilnehmen, werden Sie rasch feststellen, dass Ihr Kind nicht nur den Raum, sondern auch nach und nach die anderen Kinder und Erwachsenen wiedererkennt. Die Basis für die Aufnahmebereitschaft und das Spielen in der Gruppe bilden die angenehme Atmosphäre und die positive Stimmung im Umgang aller Beteiligten miteinander. Der einwöchige Rhythmus ist gerade für jüngere Babys sehr sinnvoll. Denn beim krankheits- oder urlaubsbedingten Fehlen werden Sie nach der Rückkehr häufig bemerken können, dass sich Ihr Kind erst einmal wieder eingewöhnen muss.

Schon mit etwa drei Monaten kann Ihr Baby dann zum Ausdruck bringen, dass ihm das Spielen in der Gruppe Freude bereitet – zumal es sich bei den Spielkameraden um Kinder im gleichen Alter handelt. Wenn Sie die Kinder in einer PEKiP-Gruppe im Umgang miteinander aufmerksam beobachten, wird Ihnen Folgendes auffallen: Sie sehen einander häufig sehr gründlich und ausdauernd an und verfolgen gespannt, was die anderen machen.

Bei der Begegnung mit einem anderen Kind werden Sie in der Gruppe auch feststellen, dass ein Baby, solange es weder robben noch krabbeln kann, Kopf und Körper, einen oder sogar beide Arme in Richtung des anderen Kindes bewegt. Auch dieses Greifen nach dem Gegenüber gehört zur Kommunikation in der Gruppe. Und über Laute und Mimik verständigen sich die Babys miteinander. Später bewegen sie sich dann noch stärker aufeinander zu. Auch der Nachahmungseffekt spielt eine wichtige Rolle innerhalb der Gruppe. Weil sie sehr aufmerksame Beobachter sind, schauen sich Babys meist sehr rasch etwas bei Ihrem Spielpartner ab und ahmen dessen Tun nach. Oftmals ist das, was andere schon können, ein großer Anreiz, es selbst auszuprobieren.

Bedeutung der Kursleitung

Beim PEKiP begleitet die Gruppenleitung den Austausch und das Lernen der Teilnehmenden untereinander, indem sie ein Klima des Vertrauens und der Toleranz schafft und fördert. Kooperationsbereitschaft und Einfüh-

lungsvermögen in die Eltern aber auch zwischen den Teilnehmern sind dabei wichtige Faktoren. Im Mittelpunkt der Gespräche stehen Befindlichkeiten, Absichten und Erlebnisse der Teilnehmer. Gleichzeitig vermittelt die Gruppenleitung Wissenswertes über die frühkindliche Entwicklung. Zudem wird durch die behutsame Gesprächsführung unter anderem auch darauf geachtet, dass Eltern auf Unterschiede zwischen gleichaltrigen Babys nicht mit Wertung, Besorgtheit oder Konkurrenz reagieren, sondern die natürliche Vielfalt der Entwicklungen als Besonderheiten der Kinder schätzen lernen. Zugleich kann die Kursleitung einen Beitrag zur Gesundheit des Kin-

des leisten, wenn sie körperliche oder verhaltensbezogene Auffälligkeiten feststellt, die ihr aufgrund ihrer Erfahrung ungewöhnlich erscheinen, und so den Eltern raten, einen Kinderarzt zu befragen.

Die Gruppenleitung gibt nicht nur die Anregungen zu Spiel und Bewegung, sondern dient zugleich als Modell, da sie die entsprechenden Übungen, Handgriffe etc. in der Regel mithilfe einer Puppe zeigt. Sie bringt außerdem ausgewählte, einfache Spielmaterialien mit, die das Kind zum Ausprobieren anregen und den Eltern Beispiele geben, wie man auch zu Hause einfachste oder alltägliche Gegenstände zum Spielen mit dem Baby verwenden kann.

PEKiP zu Hause

Die zahlreichen Anregungen können Sie natürlich auch zu Hause praktizieren. Vielleicht haben Sie ja schon Kontakt zu anderen Müttern, mit denen Sie sich regelmäßig treffen möchten, um so eine eigene Gruppe zu bilden. Denken Sie jedoch bitte daran, dass dabei die Komponenten der elterlichen Begleitung und der professionellen Anleitung entfallen, die gerade für unerfahrene Eltern eine wichtige Unterstützung darstellen können. Denn beim PEKiP zu Hause fehlt die Gruppenleitung, die im Rahmen eines Kurses anschauliche Beispiele gibt und sich zudem intensiver um die einzelnen Teilnehmer kümmern kann.

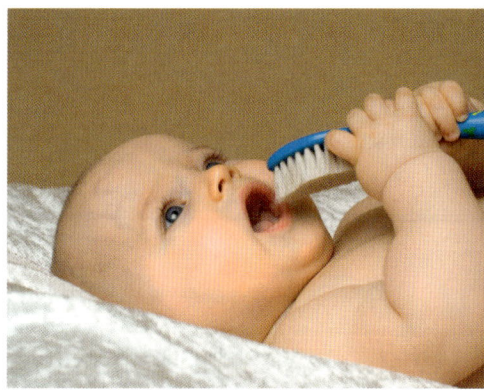

Der richtige Zeitpunkt

Während es beim PEKiP-Kurs festgelegte Zeiten gibt, können Sie den Zeitpunkt zu Hause selbst wählen. Die Frage nach dem richtigen Moment im Tagesablauf sollten Sie nach Beachtung der grundlegenden Regeln (gesund, wach, satt und möglichst gut gelaunt) individuell beantworten.

Prinzipiell können Sie die Spiel- und Bewegungsanregungen zu jeder Tageszeit anbieten, wenn Babys Grundbedürfnisse gestillt sind, denn diese gehen schließlich immer vor! Achten Sie zudem darauf, in welcher Stimmung Ihr Baby ist. Aber natürlich auch darauf, wie es Ihnen selbst geht. Denn um sich ganz auf die Situation einlassen zu können, sollten Sie sich ebenfalls wohlfühlen und gesund sein.

Am besten finden Sie zusammen mit Ihrem Baby den richtigen Zeitpunkt. Dazu sind zunächst Sie gefragt: Wann passt es am besten in Ihren eigenen Tagesablauf? Und wie sieht es mit Ihrem Baby aus? Mit der entsprechenden Aufmerksamkeit werden Sie bald herausfinden, ob Sie die Zeit für den Vormittag einplanen sollten oder ob eine frühe Nachmittagsstunde für Sie beide passender ist.

Regelmäßigkeit im Tagesablauf

Denken Sie daran: Regelmäßigkeit im Tagesablauf fördert das Vertrauen des Kindes in seine Umgebung und erleichtert Ihr Miteinander. Daher sollten Sie, wenn Sie den richtigen Zeitpunkt gefunden haben, auch dabei bleiben. Mit einem gleichförmigen Tagesablauf und wiederkehrenden Ritualen helfen Sie Ihrem Baby übrigens dabei, sich eine Vorstellung von der Welt zu machen, die es umgibt.

Die sich regelmäßig wiederholenden Situationen – dazu zählen am Anfang natürlich vor allem das Füttern, Wickeln, Streicheln und eventuell Massieren – tragen dazu bei, dass das Kind seine Eindrücke ordnen kann. Geben Sie dem Tag eine verlässliche Struktur!

Vor allem wenn Ihr Baby noch sehr jung ist, kann es sein, dass es während der Spiel- und Bewegungszeit Hunger bekommt. Sie können diesem Verlangen selbstverständlich nachkommen. Wenn Sie merken, dass Ihr Baby hungrig wird, unterbrechen Sie einfach das Programm und füttern es zunächst. Nach einer angemessenen Verdauungszeit können Sie die Anregungen weiterführen.

Vorbereitungen für Babys Spielplatz

Sorgen Sie zunächst für eine ruhige, entspannte Atmosphäre. Achten Sie auf die richtige Temperatur des Raumes und auf jeden Fall auch darauf, dass keine Zugluft herrscht – kurzum, es soll warm und gemütlich sein. Typischerweise sind Babys beim PEKiP völlig nackt, weil sich nackte Babys freier bewegen können. Und sie sind Jaroslav Koch zufolge nicht nur aktiver, sondern zugleich zufriedener. Den Kindern freies Bewegen auf dem Boden zu ermöglichen, gehörte für ihn zu den Grundpfeilern des Konzepts.

Eine konstante Raumtemperatur von etwa 25 Grad ist zum einen notwendig, um eine schnelle Auskühlung des kleinen Körpers zu vermeiden. Zum anderen wird sich Ihr Baby ohne Kleidung nicht wohlfühlen, wenn es zu kalt ist. Das Zimmer sollte zudem hell sein. Sie können dann eine Decke, ein Fell oder auch ein größeres Handtuch auf dem Boden ausbreiten. Es gibt verschiedene Möglichkeiten, die Sie ausprobieren können, um herauszufinden, wie Sie und Ihr Kind sich am wohlsten fühlen. Testen Sie aus, welche Variante Sie als die beste empfinden. Und ein weiteres Handtuch griffbereit zu haben, schadet sicherlich nicht – es kann schon mal feucht werden.

Nacktstrampeln macht Spaß

Vor dem Wickeln oder Baden können Sie Ihrem Baby besonders gut auch zwischendurch die Gelegenheit bieten, sich ohne Kleidung und Windel zu bewegen. Sie werden sehen, wie viel Spaß ihm diese freie Bewegung macht, denn Bewegungsfreude ist angeboren! Und das Beste daran ist: Sie stärkt zugleich seine Muskulatur. Besondere Freude hat ein Baby für gewöhnlich, wenn Sie es mit einem leichten Tuch oder einer Feder streicheln. Das stimuliert seine Haut und wirkt anregend.

Verhaltenstipps für Eltern

Beim PEKiP stehen zwar die Kinder im Mittelpunkt, aber auch Ihnen als Elternteil kommt eine ganz wichtige Rolle zu. Im Folgenden finden Sie einige grundlegende Verhaltenstipps, die Sie beim PEKiP in der Gruppe aber auch beim Spielen zu Hause beachten sollten.

Auf einer Ebene

Auch auf Sie kommt es an. Tragen Sie bequeme Kleidung, in der Sie sich wohlfühlen und sich gut bewegen können und legen Sie Ihren Schmuck ab. So vermeiden Sie unnötige Kratzer auf Babys empfindlicher Haut. Achten Sie bitte auch darauf, dass Ihre Hände eine angenehme Temperatur haben – sonst erschrecken Sie Ihr Baby unter Umständen bei der Berührung.

Tipp: Setzen Sie sich ebenfalls auf den Boden. Denn es ist wichtig, dass Sie sich auf die Ebene Ihres Kindes bege-

Regulationsstörungen

Wie bereits beschrieben, besteht die frühe Beziehung zwischen Eltern und Kind aus komplexen nonverbalen Bestandteilen, etwa aus Blickkontakt, Lautäußerungen und Berührungen.

Die Wechselwirkung zwischen Mutter oder Vater und Kind dient unter anderem dazu, dass der Säugling sich, sein Verhalten und seine Affekte regulieren kann. Dabei ist er auf die intuitive, sozusagen co-regulierende Unterstützung durch die Eltern angewiesen. Schon vergleichsweise geringe Störungen in diesem Zusammenspiel können Auswirkungen auf die Fähigkeit des Kindes haben, sich selbst zu regulieren.

Unter dem Begriff „Frühe Regulationsstörungen" werden in der Fachsprache Ein- und Durchschlafprobleme sowie Fütter- bzw. Essstörungen zusammengefasst.

ben. Außerdem sollten Sie alles, was Sie für Ihre PEKiP-Zeit benötigen, in greifbarer Nähe haben.

Bleiben Sie in Kontakt

Halten Sie während der Bewegungs- und Spielanregungen Augenkontakt mit Ihrem Kind und sprechen Sie leise mit ihm. Schauen Sie es an und streicheln Sie es. Sie können auch ein Lied singen oder summen.

Sind die Übungen für Sie beide noch neu und ungewohnt? Dann denken Sie bitte daran, dass es ganz normal ist, wenn Ihr Baby zu weinen oder vielleicht sogar zu schreien beginnt. Es weiß schlichtweg noch nicht, was es erwartet. Sprechen Sie sanft mit ihm und versuchen Sie, es zu beruhigen, indem Sie es z. B. auf den Arm nehmen und streicheln. Denken Sie daran: Körperkontakt verleiht ihm Sicherheit.

Beim PEKiP üben Sie einen abwartenden, respektvollen Umgang mit Ihrem Kind. Gleichzeitig erleben Sie Ihr Baby und seine wachsenden Fähigkeiten. Damit wird der Grundstein für eine erfolgreiche Kommunikation zwischen Ihnen und Ihrem Kind gelegt.

Das freie Spiel

Beim freien Spiel bieten Sie Ihrem Baby bestimmte Gegenstände an. Ihr Baby entscheidet dann, ob es einen davon interessant findet und sich länger mit ihm beschäftigen möchte. Das bedeutet jedoch nicht, dass Sie ihm gleichzeitig mehrere Dinge reichen. Sie zeigen ihm diese vielmehr nach und nach in Ruhe und behalten dabei seine Reaktion im Blick.

Ganz wichtig beim freien Spiel ist, dass es zweckentbunden ist, also kein bestimmtes Ziel erreicht werden soll. Im Gegenteil: Ihr Baby kann ganz eigenständig bestimmen, auf welche Weise und wie lange es sich mit dem oder den gewählten Gegenständen beschäftigen möchte. Daraus ergeben sich bestimmte Verhaltensregeln für Sie als begleitendes Elternteil:

▸ Folgen Sie der Initiative Ihres Kindes. Das bedeutet konkret: Ihr Kind hat die Führung, und Sie werden nur unterstützend tätig, wenn Ihr Baby diese Unterstützung tatsächlich braucht. Das stärkt sein Selbstbewusstsein!

▸ Geben Sie Ihrem Kind ausreichend Zeit. Ihre eigenen Impulse zu unterdrücken und abwarten zu können, ist wichtig, damit Ihr Baby die Möglichkeit hat, selbst zu reagieren.

▸ Beobachten Sie das Verhalten Ihres Babys und benennen Sie das, was es tut. Das Gleiche gilt für Gefühlsregungen, die Sie bei Ihrem Baby bemerken. Diese zu benennen, hilft ihm, seine Emotionen selbst besser verstehen zu können. Etwa, wenn es ganz stolz auf etwas ist.

▸ Steigern Sie die Spannung des Spiels durch Variationen in Ihrem Ausdruck und in Ihrer Stimmlage.

Sie werden sehen, wie dieses Verhalten die Aufmerksamkeit Ihres Kindes erhöht.

Das geleitete Spiel

Vor allem die Trage- und Hebespiele gehören zu den geleiteten Spielen. Dabei bieten Sie Ihrem Kind eine ihm in der Regel bislang unbekannte Haltung oder Lage an. Ganz wichtig hierbei ist, dass Sie ankündigen, was Sie zu tun gedenken. Auf diese Weise kann sich Ihr Baby aktiv einbringen. Auch hier ergeben sich bestimmte Verhaltensregeln für Sie als begleitendes Elternteil:

▸ Kündigen Sie den Beginn des Spiels an und benennen Sie auch das Ende. Sagen Sie Ihrem Kind kurz, was kommen wird.

▸ Benennen Sie Ihre eigenen Aktionen und gehen Sie dabei Schritt für Schritt vor.

▸ Seien Sie sehr aufmerksam, was die Reaktionen Ihres Babys betrifft. Benennen Sie auch im geleiteten Spiel die Regungen, die Sie an Ihrem Baby bemerken und gehen Sie angemessen darauf ein. So wird es darin bestätigt, dass es ernst genommen wird und unterschiedliche Befindlichkeiten zeigen darf.

Lernen von Anfang an – aber richtig

Babys sind von Geburt an neugierig. Etwas Neues zu erfahren, macht ihnen schlichtweg Spaß. Verschiedene Bewegungen, die etwas auslösen, unterschiedliche Töne, die man erzeugen kann – Kinder sind geborene Entdecker und unendlich fantasievoll. Unterhaltsame Spiele, fröhliche Unternehmungen – sie machen ein Kind glücklich und lassen es lernen, ganz automatisch.

Wichtig dabei ist, dass entscheidende Impulse dazu von ihm selbst ausgehen. Deshalb sollten Eltern vor allem daran denken, dass sie ihr Kind zwar inspirieren, aber nicht überhäufen. Das bedeutet auch: bewusstes Spielen und dem Kind gleichzeitig Raum für seine freie Entwicklung lassen.

Denn Kinder tragen einen entscheidenden Entwicklungsmotor in sich. Und sie wollen ihr Leben buchstäblich selbst in die Hand nehmen. Dazu brauchen sie ausreichend Gelegenheit, Dinge selbst zu tun und eigene Erfahrungen zu machen. Die Gehirnforschung hat erkannt, dass das Lernen immer mit Gefühlen verknüpft ist. Verbindet ein Kind positive Gefühle mit dem Erfahren neuer Eindrücke, dann wird es auch im späteren Leben Spaß daran haben, sich Unbekanntes anzueignen. Druck hingegen kann schnell die Lust verderben – und zwar auf lange Sicht.

Das An- und Ausziehen

Das Entkleiden des Babys zu Beginn und auch das Anziehen am Ende werden beim PEKiP ganz bewusst integriert. Beides sind Situationen, in der nicht nur durch den Körperkontakt ein enger Austausch stattfindet. Sie können sich sicher vorstellen, dass sich

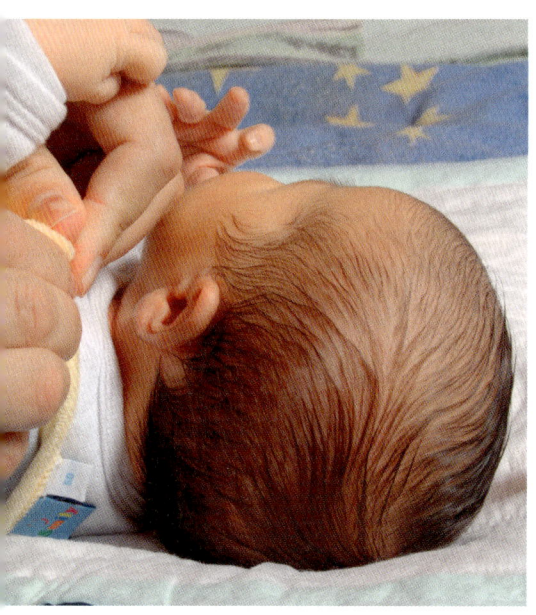

gen – überrumpeln Sie Ihr Baby also nicht. Grundsätzlich gilt, dass das Ankündigen dessen, was nun kommt oder was Sie tun werden, maßgeblich dazu beiträgt, dass sich Ihr Baby auf neue Situationen einstellen sowie nach und nach auch aktiv mitwirken kann. Verzichten Sie bitte auf „Ablenkungsmanöver" und geben Sie stattdessen Ihrem Spross die Gelegenheit, die Situation mitzugestalten.

Nichtsdestotrotz wird es auch Situationen geben, in denen die gut gemeinten Hinweise nichts nutzen. Bei Müdigkeit oder schlechter Laune können Sie zunächst nicht viel ändern. Doch Sie können Ihr Baby darin unterstützen, diesen Gemütszustand selbst besser wahrzunehmen. Sprechen Sie einfach aus, was Sie an Ihrem Kind wahrnehmen, denn das Verbalisieren der unterschiedlichen Stimmungslagen hilft ihm dabei, sich nach und nach selbst verstehen zu lernen. Finden Sie Worte für seine Empfindungen, helfen Sie ihm mit Verständnis durch die Situation. Ihr Baby macht dabei die wichtige Erfahrung, dass auch unangenehme Dinge getan werden müssen, solche Situationen aber auf jeden Fall zu meistern sind – zunächst mit Ihrer Hilfe, später dann auch allein.

der gute Verlauf beim Entkleiden auf die Stimmung beim nachfolgenden Spiel überträgt – aber es ebenso auch Einfluss nimmt, wenn Babys Laune dadurch sinkt. Kaum ein Baby mag es, an- bzw. ausgezogen zu werden.

Sie sollten auf jeden Fall sehr aufmerksam bei der Sache sein, Blickkontakt zu Ihrem Kind halten und ihm auch ankündigen, dass Sie es nun ausziehen werden. Am Anfang wird Ihr Baby den vollständigen Sinn Ihrer Worte noch nicht erfassen können. Aber durch die regelmäßige Wiederholung und die Verknüpfung mit Ihrem Handeln wird es mit der Zeit verstehen, worum es geht und sich darauf einstellen können.

Bitte denken Sie immer daran, dass es wichtig ist, das Ausziehen anzukündi-

Das richtige Handling

Mit dem Begriff „Baby-Handling" wird die alltägliche Handhabung des Säuglings und Kleinkindes bezeichnet. Dabei werden seine natürlichen Bewegungsabläufe berücksichtigt. In den

Babys können viel

Mit der Geburt bringt Ihr Baby einige wichtige Grundvoraussetzungen mit, die sein Überleben sichern und ihm helfen, sich zu entwickeln. Nach und nach lernt es dann, seine Bewegungsabläufe nicht nur zu kontrollieren, sondern auch bewusst einzusetzen und zu steuern. Spielen hilft ihm dabei! Von Beginn an verfügt Ihr Baby aber auch schon über soziale Kompetenzen, kann Kontakt aufnehmen, aufrechterhalten und schließlich beenden.

ersten Monaten seines Lebens ist ein Säugling völlig unselbstständig und vollständig auf Hilfe angewiesen.

Förderung der Motorik

Sie können Babys Bewegungen bewusst unterstützen, wenn Sie beim An- und Ausziehen, Baden, Wickeln, Füttern und Tragen die richtigen Handgriffe benutzen. Das hat zugleich einen positiven Einfluss auf die motorische Entwicklung Ihres Kindes.

Doch aufgepasst: Das bedeutet auch, dass es durch falsche Handgriffe, mit denen Sie gegebenenfalls auf Bewegungen seitens des Kindes reagieren, zu einer Intensivierung falscher Bewegungsmuster kommen kann. Umgekehrt kann das richtige Handling gerade bei einem Säugling oder einem

Kind, das Abweichungen von der normalen motorischen Entwicklung aufweist, genutzt werden, um eine Verbesserung zu erzielen.

Der Schalengriff

Bei der alltäglichen Handhabung Ihres Babys ist der sogenannte Schalengriff sehr hilfreich. Er gibt dem Baby sicheren Halt – im ganzen ersten Lebensjahr. Und so funktioniert er: Ihr Baby liegt auf dem Rücken. Legen Sie Ihre beiden Hände seitlich um Babys Körper, sodass Sie eine Schale formen. Ihre Daumen liegen dabei auf Babys Brustkorb, die anderen Finger befinden sich an seinem Rücken.

Achten Sie darauf, Ihr Kind nicht direkt unter den Achseln anzufassen, denn diese Körperpartie ist sehr empfindlich. Setzen Sie etwas weiter unten an. Probieren Sie diesen Griff ruhig ein paar Mal aus, bevor Sie Ihr Baby auf diese Weise hochnehmen. Sie werden schnell merken, dass dies ein Griff ist, der es Ihnen ermöglicht, Ihr Kind sicher zu umfassen. Und er ist ganz einfach!

Wenn Sie Ihr Baby nun hochnehmen wollen, drehen Sie es mit diesem Griff zur Seite. Heben Sie es dann langsam an. Gut zu wissen: In dieser Position, sprich in der Seitenlage, wird es dazu angeregt, seinen Kopf selbstständig zu halten. Wichtig ist auch hierbei, dass Sie Ihrem Kind ankündigen, was Sie tun, es also auf die Veränderung der Position vorbereiten. Durch das Aufnehmen über die Seite machen Sie es mit einem Bewegungsablauf vertraut, den es später selbst ausführen wird. Es lernt, dass es über die Seite in eine aufrechte Position gelangen kann. Das Ablegen funktioniert dann folgendermaßen: Sie legen Ihr Kind vorsichtig über die Seite hin. Zuerst berühren seine Füße, danach die Hüfte, erst dann die Schulter und zum Schluss der Kopf die Unterlage. Tipp: Wenn Sie Ihr Baby abwechselnd über die linke und über die rechte Seite aufnehmen, lernt es auch, seinen Kopf auf beiden Seiten zu halten.

Wichtig: der Ausklang

Nicht nur der entspannte Einstieg in die gemeinsame Spiel- und Bewe-

gungszeit ist wichtig, auch auf einen sanften Ausklang sollten Sie Wert legen. Das Anziehen ist, wie bereits angesprochen, bei Babys nicht immer beliebt. Und ein hektischer Abschluss kann den angenehmen Eindruck der gemachten Erfahrungen zumindest schmälern.

Tipp: Hüllen Sie Ihr Baby, bevor Sie es wieder anziehen, z. B. in eine mollige Decke ein, sodass es schön warm ist. Wiegen Sie es einen Moment lang hin und her und suchen Sie sich eine gemütliche Haltung, in der Sie beide dem Erlebten noch nachspüren können. Dann bereiten Sie Ihr Baby mit der entsprechenden Aussage darauf vor, dass es nun ans Anziehen geht.

PEKiP in der Praxis

Spiele im ersten Vierteljahr

PEKiP bietet Eltern und Kindern eine Vielzahl von Bewegungs- und Spielanregungen, die in die vier Quartale des ersten Lebensjahres unterteilt sind. Aus der Vielzahl der Anregungen für diese Zeit können Sie ganz individuell Babys Lieblingsprogramm zusammenstellen. Ganz wichtig: Orientieren Sie sich bitte immer am tatsächlichen Entwicklungsstand Ihres Kindes und nicht nur an seinem Alter. Und wenn Ihr Kind z. B. eines der Spiele aus dem ersten Vierteljahr besonders gerne mag, spricht nichts dagegen, es auch später noch zu praktizieren.

Übrigens: Auch wenn es mittlerweile ein schier unüberschaubares Angebot an Spielsachen bereits für Neugebore-

ne gibt, benötigt Ihr Baby gerade am Anfang nur wenig zur Beschäftigung. Eine geringe Anzahl an einfachen, aber gut verarbeiteten und qualitativ hochwertigen Spielzeugen sollten Sie jedoch immer griffbereit haben (siehe Infokasten). Und das muss nicht immer mit hohen Kosten verbunden sein: Sie können auch sinnvolles Spiel-

Info

Spielzeug im ersten Vierteljahr

- ein Wasserball (Durchmesser: 30 Zentimeter)
- einige Greifspielzeuge wie Ring oder Rassel
- eine weiche Babydecke
- ein rotes Tuch

zeug selbst aus Alltagsgegenständen gestalten (siehe Seite 87 ff.).

Babys Augen in Bewegung

Die ersten drei Monate verbringt Ihr Baby vor allem damit, sich seine Umwelt visuell zu erschließen. Es betrachtet und beobachtet seine Umgebung und erweitert dabei nach und nach sein Blickfeld. Dabei konzentriert es sich zunächst auf Gesichter, zu Beginn vor allem auf die von Mama und Papa. Bald darauf kann sich ein Baby auch auf einen Gegenstand konzentrieren und ihn mit den Augen verfolgen, wenn er bewegt wird. Dann dauert es nicht mehr lange, bis es auch seinen Kopf in diese Richtung dreht.

Wer ist denn das? Legen Sie Ihr Baby auf den Rücken. Beugen Sie sich darüber und halten Sie dabei einen Abstand von etwa 20 bis 25 Zentimetern ein. Gut zu wissen: In dieser Distanz kann Ihr Baby Sie in den ersten Monaten am besten sehen. Geben Sie Ihrem Kind nun die Gelegenheit, Ihr Gesicht zu betrachten. Sprechen Sie dabei ganz sanft mit ihm, lachen Sie und lassen Sie auch Ihre Augen sprechen. Denn diese beweglichsten Teile des Gesichts üben auf Babys eine sehr große Faszination aus.

Zu Beginn wird es Ihrem Spross nur für kurze Zeit gelingen, Ihre Augen oder Ihren Mund zu betrachten. Mit der Zeit jedoch schaut Ihr Baby dann immer länger auf Sie. Bei diesem Spiel können Sie sehr schnell erkennen, wann es Ihrem Kind zu anstrengend wird: Durch das Abwenden des Blicks oder durch ein Wegdrehen des Kopfs zeigt es Ihnen, dass nun eine Pause angesagt ist.

Was ist denn das? Nun benötigen Sie ein kleines Spielzeug, z. B. einen Greifring. Ihr Baby liegt auf dem Rücken. Zeigen Sie ihm nun diesen Gegenstand und halten Sie dabei den gleichen Abstand ein, den Sie beim Zeigen Ihres Gesichts eingenommen hatten. Ihr Baby wird nun diesen Gegenstand aufmerksam betrachten. Am Anfang ebenfalls nur kurz, mit der Zeit dann immer länger.

Und auch hier gilt: Wenn das Kind seine Augen abwendet, wird es Zeit für eine Pause oder gegebenenfalls für einen anderen Gegenstand. Tipp: Verwenden Sie keine Rassel oder ein anderes Spielzeug, das Geräusche verursacht. In einem frühen Entwicklungsstadium würde dies einen Säugling noch zu sehr ablenken.

Info

Farben

Von Geburt an können Babys Farben erkennen. Schwieriger ist es für sie, ähnliche Farbtöne zu unterscheiden. Kleine Kinder zeigen daher in der Regel eine Vorliebe für strahlende Primärfarben bzw. für Farben, die sich gut voneinander absetzen. Mit der Zeit lernen sie dann immer besser, Farbunterschiede und -abstufungen zu erkennen.

Wo ist es nun? Auch für dieses Spiel benötigen Sie ein kleines Spielzeug. Wenn Ihr Baby den Gegenstand gut im Blick hat – auch hier achten Sie bitte wieder auf den richtigen Abstand – bewegen Sie das Spielzeug langsam zur Seite. Wichtig ist, dass Sie die Bewegungen so bedacht ausführen, dass Ihr Baby diesen mühelos mit seinem Blick folgen kann. Bewegen Sie das Spielzeug zunächst immer nur so weit, wie es mit seinen Augen folgen kann.

Sie können nun nach und nach den Radius der Bewegung erweitern. Denn dann kann Ihr Kind seinen Kopf auch in die Richtung drehen, in die Sie den Gegenstand bewegt haben.

Und wo ist es jetzt? Diese Anregung ist eine Erweiterung des soeben beschriebenen Spiels. Nach einigen Wochen können Sie den Gegenstand auch von oben (also aus Richtung des Kopfs Ihres Babys) nach unten (zu seinen Füßen hin) bewegen. Dann führen Sie das Spielzeug wieder zurück in Richtung des Kopfs. Bitte beachten Sie auch hier, dass Sie die Bewegung langsam ausführen und immer nur bis zu dem Punkt, an den Ihnen Babys Blick folgen kann. Denken Sie daran, dass ihm dieser „Richtungswechsel" zunächst unbekannt ist. Es darf sich also Zeit lassen, um diese Anregung anzunehmen. Wichtig, wie bei allen anderen Anregungen, ist, dass Sie sich ganz auf das Tempo einlassen, das Ihr Spross vorgibt.

Zum Ende von Babys drittem Lebensmonat können Sie auch bedenkenlos damit beginnen, das Spielzeug langsam über seinem Gesicht kreisen zu lassen. Achten Sie darauf, wie Ihr Baby dem Spielzeug mit Augen und Kopf folgt. Wenn Sie sich daran orientieren, ziehen Sie den Kreis automatisch in der richtigen Größe. Ihr Baby hat bei diesem Spiel die Gelegenheit, seinen Kopf und seine Augen in alle Richtungen zu bewegen.

Erste Schaukelspiele

Die meisten Babys mögen schaukelnde Bewegungen. Sie finden daher im Folgenden zunächst eine Position beschrieben, aus der heraus Sie Ihrem Baby verschiedene Spiele anbieten können.

Die Ausgangsposition: Setzen Sie sich bequem auf den Boden. Am besten ist es, wenn Sie eine Wand haben, die Sie als Lehne benutzen können und wenn

Sie diese zusätzlich noch mit einem Kissen oder einer Decke polstern. Alternativ können Sie es auch mit einem Gymnastikball zum Anlehnen versuchen. Nun winkeln Sie Ihre Beine an und legen Ihr Baby mit dem Rücken auf Ihre Oberschenkel. Dabei liegt sein Kopf auf Ihren Knien, sein Po auf Ihrem Schoß. Babys Beine sind leicht angewinkelt.

In dieser Stellung sind Sie Ihrem Baby besonders nahe, Sie halten intensiven Körperkontakt zu ihm. Diese Position ist für ein intensives Zwiegespräch hervorragend geeignet, denn Sie können nicht nur die verschiedenen Anregungen anbieten, sondern sich auch einfach mit Ihrem Baby unterhalten und es streicheln. Gut zu wissen: Diese Position ist ebenfalls sehr gut geeignet, wenn Ihr Baby sich ausruhen möchte.

Leichtes Schaukeln: In dieser Stellung können Sie nun die Beine ganz sanft nach links und nach rechts bewegen, sodass es zu einer leichten Schaukelbewegung kommt. Wenn Ihrem Baby diese Bewegung gefällt, wird es versuchen, die Veränderung seiner Lage selbst auszugleichen, indem es seinen Kopf hin- und herbewegt.

Die Hängematte: Für dieses Spiel müssen Sie zu zweit sein und benötigen eine Babydecke. Sie können es Ihrem Baby ab einem Alter von etwa zwei Monaten anbieten. Sie werden vermutlich rasch bemerken, dass es ein „Klassiker" wird, denn auch ältere Kinder lieben dieses Schaukelspiel.

Und so geht's: Legen Sie Ihr Kind in Rückenlage auf die Decke. Dann fassen

Sie, am Fußende stehend, und der andere Erwachsene, am Kopfende stehend, die Decke an denen Ihnen zugeneigten Ecken. Jetzt heben Sie die Decke gemeinsam und ganz bedacht hoch. Wichtig ist, dass Sie die Reaktionen Ihres Babys ganz genau beobachten, da diese Situation zu Beginn noch sehr ungewohnt sein wird. Tipp: Lächeln Sie Ihr Kind ermunternd an, sprechen Sie mit ihm. Das vermittelt auf jeden Fall Sicherheit.

Mit dem Schaukeln sollten Sie dann beginnen, wenn Sie den Eindruck haben, dass sich Ihr Baby an die Lage gewöhnt hat und sich weiterhin wohlfühlt. Denken Sie bitte daran, dass Ihr Kind in der Decke liegend ein anderes Körperempfinden hat. Daher sollten

---

｜Tipp

Je älter, desto wilder

Sie werden sicher bald feststellen, dass Ihr Kind, je älter es wird, ein umso schnelleres und wilderes Schaukeln mag. Dagegen ist überhaupt nichts einzuwenden.
Wenn Ihr Kind etwa ein Jahr alt ist, können Sie auch die folgende Variante ausprobieren: Nach dem ausgiebigen Schaukeln lassen Sie es mit Schwung von der Decke aufs Bett gleiten – selbstverständlich nur dann, wenn es keine Ecken und Kanten gibt, an denen es sich stoßen könnte.

Sie gerade zu Beginn nur sehr langsam schaukeln.

Kopf hoch, Baby

Mit den folgenden Anregungen unterstützen Sie Ihr Baby dabei, seinen Kopf eigenständig zu halten.

Schwebezustand: Für diese Anregung liegt Ihr Baby zunächst auf dem Rücken. Dann nehmen Sie es im Schalengriff seitlich hoch und halten es einige Sekunden lang waagrecht rund zehn bis 20 Zentimeter von der Unterlage ab. Während dieses „Schwebens" kann Ihr Baby für ganz kurze Zeit seinen Kopf ohne Hilfe halten. Wundern Sie sich nicht, wenn Ihr Spross dabei stöhnt, denn anstrengend ist diese Bewegung auf jeden Fall – doch er ist in der Lage, sie auszuführen! Anschließend legen Sie Ihr Kind über die Seite wieder zurück auf die Unterlage.

Im Gleichgewicht: Nehmen Sie Ihr Baby aus der Rückenlage im Schalengriff seitlich hoch. Sie halten es nun senkrecht und können sich mit ihm unterhalten. Diese Position gibt ihm die Gelegenheit, seinen Kopf selbst auszubalancieren.
Alternative: Neigen Sie Ihr Baby ganz langsam nach links und nach rechts. In dieser leichten Seitenlage wird es seinen Kopf, aber auch seine Beine halten können.

Spiele für Hände und Füße

Babys Hände sind in den ersten Lebenswochen häufig noch zur Faust geballt. Und in den ersten zwei bis drei Monaten kann Ihr Baby auch noch nicht bewusst greifen. Doch aus den zufälligen Greifversuchen entwickelt sich nach und nach das beabsichtigte Zupacken.

Wenn Sie an der Außenseite der Hände oder auf dem Handrücken entlangstreicheln, setzen Sie einen Impuls, der Ihr Baby die Hand öffnen lässt. Allerdings dauert es zu Beginn meist nur wenige Sekunden, bis sich die Finger wieder zur Faust schließen. Und auch wenn Ihr Baby diese Bewegung noch nicht bewusst ausführt, sondern angeborenen Reflexen folgt, lässt das Öffnen und Schließen die Hände beweglicher werden.

Erstes Greifen: Wenn Ihr Baby seine Faust öffnet, können Sie zunächst Ihren Zeigefinger in seine Hand legen. Auf diese Weise spürt es die angenehme Wärme Ihrer Haut.

Wenn Sie dies einige Male gemacht haben, können Sie Ihrem Baby unterschiedliche Gegenstände oder Spielsachen unterschiedlichsten Materials in die Hand geben. So sammelt es erste Erfahrungen mit verschiedenen Beschaffenheiten. Gut eignet sich für diese Anregung beispielsweise ein Holzring, ein weiches Tuch oder auch ein etwas „raueres" Handtuch.

Greifen in Rückenlage: Auch für diese Anregung liegt Ihr Säugling auf dem Rücken. In einem Abstand von etwa 20 bis 30 Zentimetern halten Sie ihm nun einen Gegenstand entgegen, sodass er ihn gut sehen kann (also auf Augenhöhe). Zuerst einmal wird er den Gegenstand, der am besten etwas kleiner und auf jeden Fall gut greifbar sein sollte, „ins Visier nehmen", also mit den Augen fixieren. Achten Sie auf die weiteren Reaktionen Ihres Babys − macht es vielleicht spontane Armbewegungen, versucht es bereits, den Gegenstand zu erreichen? Am Anfang wird ein Berühren eher zufällig sein, ebenso das Greifen und danach das Loslassen. Zum Ende des dritten Monats können Sie beobachten, dass die Greifversuche zielgerichteter werden und durchaus auch Erfolg haben.

Gut zu wissen: In dieser Zeit gelingt es einem Baby nun in der Regel auch, seine Hände zur Körpermitte hin zu bewegen. Auch das Fausten lässt nach.

Zur Seite drehen: Bei dieser Anregung liegt Ihr Baby auf dem Rücken. Nun legen Sie Ihre Zeigefinger in Babys Hände und warten einen Augenblick ab. Wenn Sie merken, dass Ihr Baby beide Finger mit seinen Händen umschlossen hat, führen Sie Ihre

Hände vorsichtig zu der Seite, zu der auch Ihr Baby blickt. Das bedeutet konkret: Schaut Ihr Kind nach rechts, bewegen sich Ihre Hände von ihm aus gesehen ebenfalls langsam nach rechts, blickt Ihr Baby nach links, führen Sie Ihre Hände in die entsprechende Richtung.

Bei diesem Spiel folgt Ihr Baby zunächst mit Blicken, dann mit Kopfbewegungen Ihren und seinen Händen und vollzieht die Drehung des Kopfs selbstständig. Bitte beachten Sie, dass Sie Ihrem Kind tatsächlich nur die Finger reichen und es nicht etwa an den Handgelenken fassen. Denn dann hat es keine Gelegenheit, selbst aktiv zu werden – was Sie beim Umfassen Ihrer Zeigefinger sehr deutlich spüren können. Und auf die eigene Aktivität kommt es schließlich an!

Der Wasserball: Für dieses Spiel benötigen Sie einen Wasserball mit einem Durchmesser von 30 Zentimetern. Am besten ist es, wenn der Ball nur eine Außennaht hat, da die Nähte sonst auf Babys Haut drücken könnten. Dann befestigen Sie den Ball an einer kurzen Schnur, rund 15 Zentimeter reichen aus.

Nun kann's losgehen: Während Ihr Baby auf dem Rücken liegt, halten Sie den Ball an der Schnur an Babys Fußsohle, aber bitte nicht über seine Augen. Denn für Ihr Baby ist es besser, wenn sich das Spielzeug von den Füßen her nähert. Der große Gegenstand in der Nähe des Gesichts könnte ihm einen Schrecken einjagen.

Wenn Ihr Spross nun den Ball an seinen Füßen spürt, wird er aller Wahr-

Info

Achtung!

Bitte achten Sie darauf, dass Ihr Baby später, wenn es sich allein drehen kann, nicht ohne Aufsicht mit diesem an der Schnur befestigten Ball spielt. Im schlimmsten Fall könnte sich die Schnur um den Hals wickeln.

scheinlichkeit nach zu treten beginnen. In den ersten Wochen ist diese Bewegung noch reflektorisch – so wie beim Greifen. Erst nach dem dritten Monat wird das Treten zunehmend selbst gesteuert. Achten Sie dennoch darauf, dass Ihr Baby von Beginn an den Ball richtig, nämlich mit den Fußsohlen, trifft.

Tipp: In den ersten Wochen können Sie Ihr Baby beim Wasserballspiel unterstützen, indem Sie Ihre Hand flach unter seinen Po legen. Auf diese Hilfe können Sie dann nach dem dritten Lebensmonat verzichten. Wenn Babys Strampeln an Lebhaftigkeit verliert und langsamer wird, kann es Zeit für eine Pause werden.

Füße dürfen strampeln: Auch für diese Anregung liegt Ihr Baby auf dem Rücken. Halten Sie Ihre Hände nun an die Fußsohlen Ihres Kindes. Dadurch wird es angeregt, seine Beine zu beugen und zu strecken – es strampelt. Wie bereits erwähnt, entstehen diese Bewegungen am Anfang noch aus

einem Reflex, den der sanfte Druck Ihrer Hände auslöst. Mit der Zeit entwickelt sich daraus aber eine eigenständige Bewegung. Achten Sie auf das Tempo, das Ihr Baby mit seinen Bewegungen vorgibt. So können Sie erspüren, welche Geschwindigkeit ihm am meisten Spaß macht.

Gut zu wissen: Die wechselseitigen Bewegungen, die Ihr Baby macht, also der meist rhythmische Wechsel von Beugen und Strecken, sind eine wichtige Voraussetzung für die Entwicklung der weiteren motorischen Fähigkeiten wie Krabbeln, Laufen und später auch Klettern.

Zehen in Aktion: Mit diesem Spiel regen Sie Babys Zehen an. Ihr Baby liegt dabei auf dem Rücken, während Sie seine Ferse mit einem Finger berühren. Vermutlich spreizt Ihr Baby sofort seine Zehen. Wenn Sie dann die Fußsohle in der Nähe der Zehen berühren, wird es seine Zehen krümmen. Babys genießen es in der Regel, barfuß zu sein und die entsprechende Bewegungsfreiheit zu haben. Übrigens: Mit dieser Übung regen Sie die Durchblutung an, und die Füße erwärmen sich.

Auf dem Bauch geht's auch

Zu Beginn Ihres Lebens liegen Babys meist noch nicht gerne auf dem Bauch. Der Grund ist einfach: Es fällt ihnen recht schwer, den Kopf zu heben. Allerdings ist das Liegen auf dem Bauch wichtig, damit das Baby später Krabbeln lernen kann. Sie sollten Ihren Säugling daher auch immer mal wie-

der auf den Bauch legen, wenn er wach ist. Ein selbstständiges Drehen ist in diesem Alter schließlich noch nicht möglich. Die folgenden Spiele in der Bauchlage trainieren Babys Muskeln und helfen ihm dabei, das Heben des Kopfs zu üben. Und sie machen im besten Fall das Liegen auf dem Bauch leichter!

Auf Mamas oder Papas Bauch: Zunächst legen Sie sich auf den Rücken, am besten mit einem Kissen oder einer zusammengerollten Decke im Nacken, denn dann wird es auch für Sie bequemer. Legen Sie nun Ihr Baby in Bauchlage auf Ihren Oberkörper, sprich: mit dem Kopf auf Ihrer Brust. Halten Sie Ihr Kind dabei zunächst im Schalengriff.

In dieser Lage geben Sie Ihrem Baby den Anreiz, den Kopf etwas höher zu halten und sich ein wenig abzustützen. Zugleich ist diese Position sehr innig, Sie spüren den Herzschlag Ihres Kindes und Ihr Baby spürt Ihren – am allerbesten ist es, wenn Sie dabei Haut auf Haut liegen. Denn dann fühlt Ihr Baby Ihre Körperwärme umso intensiver. Diese Lage bietet sich auch zur Entspannung an und lässt in der Regel eine besondere Nähe zwischen Ihnen und Ihrem Kind entstehen.

Auf Mamas oder Papas Arm: Sie können die Bauchlage für Ihr Baby angenehmer gestalten, wenn Sie ihm Unterstützung durch Ihren Arm anbieten. Und das geht so: Legen Sie Ihr Baby so auf Ihren Arm, dass Ihr Arm vor seinem

Oberkörper liegt und seine Arme sich vor Ihrem Unterarm befinden. Durch diese Stütze kann Ihr Baby seinen Kopf gut halten. Sie können gleichzeitig in der Seitenlage eine bequeme Position finden und Ihr Kind betrachten.

Der direkte Körperkontakt stellt auch hier einen Anreiz für das Baby dar, länger in dieser Position zu verharren. Ebenso die Möglichkeit zur Interaktion, also zum „Zwiegespräch".

Auf dem Wasserball: Bei dieser Anregung kommt wieder der Wasserball ins Spiel, den Ihr Baby bereits kennengelernt hat. Und so geht´s: Nehmen Sie Ihr Kind im Schalengriff hoch und halten Sie es sicher. Legen Sie es nun bäuchlings auf den Wasserball. (Bitte denken Sie daran, dass der Ball möglichst nur eine Außennaht haben sollte!) Seine Füße berühren zunächst den Boden, Ihr Griff bleibt sicher. Achten

Sie auf Babys Körpersprache: Wenn es den Kopf hebt, können Sie damit anfangen, es auf dem Ball liegend ganz leicht vor- und zurückzurollen.

Sie erkennen bei diesem Spiel recht schnell, ob Ihr Baby daran Freude hat oder nicht. Wenn es sich mit den Füßen abzustoßen beginnt, können Sie seine Begeisterung sicher auch schon seinem Gesicht ablesen. Und auch Kinder, die sich sonst dagegen sträuben, auf dem Bauch zu liegen, zeigen bei diesem Spiel Interesse an der Bauchlage. Denn die neue Perspektive, die sich ihnen bietet, regt sie dazu an, den Kopf zu heben und interessiert die Umgebung zu betrachten.

Wenn Ihr Kind sich an diese Position gewöhnt hat, können Sie es auch auf dem Ball hin und her, sprich nach links und rechts, bewegen. Wichtig dabei ist, dass Ihr Baby das Tempo vorgibt und nicht Sie!

Tragespiele für den Anfang

Babys sind Traglinge, können aber nicht ohne Unterstützung des Tragen-

den am Körper bleiben. Dafür verfügen sie über eine Reihe von Reflexen, die das Getragenwerden unterstützen. So kann man beispielsweise beobachten, wie ein Baby beim Hochnehmen die Beine anhockt und abspreizt. Macht die tragende Person unerwartete, heftige Bewegungen, so presst der Säugling seine Oberschenkel an deren Leib und greift in deren Kleidung.

Gerade im ersten Lebensjahr möchten Babys viel getragen werden. Gut zu wissen, dass dieser enge Trage- und Körperkontakt auch die emotionale und geistige Entwicklung des Kindes fördert! Mit den folgenden Tragespielen werden Sie nicht nur Babys Bedürfnis nach Nähe und Wärme gerecht, sondern fördern gleichzeitig seine eigene Aktivität, besonders die Kopfhaltung.

Tipp: Es empfiehlt sich, die beschriebenen Anregungen erst einmal am Boden sitzend oder auf Knien auszuprobieren. Auf diese Weise machen Sie sich und Ihren Sprössling mit den neuen Positionen vertraut. Im nächsten Schritt, wenn Sie sich beide sicher damit fühlen, können Sie sich aufrichten und gemeinsam umhergehen. Auf ein bedächtiges Tempo sollten Sie in jedem Fall achten und beim Tragen immer auch beide Hände benutzen.

Der Blick über die Schulter: Für diese Anregung nehmen Sie Ihr Baby im Schalengriff hoch und legen es mit dem Oberkörper an Ihre Schulter. Achten Sie darauf, dass Babys Arme dabei über Ihrer Schulter liegen. Mit einer Hand stützen Sie nun den Rücken Ihres Kindes, der andere Arm liegt an seinem Po und gibt ihm Halt. Das bedeutet konkret: Wenn Ihr Baby an Ihrer rechten Schulter lehnt, stützen Sie sein Gesäß mit dem rechten Unterarm, die linke Hand stützt seinen Rücken in Höhe der Schulterblätter ab. Bitte beachten Sie, dass das Sitzen kein richtiges Sitzen ist: Das Gewicht Ihres Babys halten Sie mit der Hand an seinem Rücken! Bei dieser Art des Tragens wird Ihr Baby dazu angeregt, seinen Kopf selbst auszubalancieren.

Tragen verquer: Auch bei diesem Spiel nehmen Sie Ihr Baby wieder im Schalengriff hoch. Heben Sie es über die Seite an, sodass es waagrecht vor Ihrem Oberkörper liegt. Dabei berührt der Rücken Ihres Babys Ihren Bauch. Anders als sonst blickt ihr Baby in dieser Haltung nicht nach oben, sondern nach vorn. Eine neue, spannende Perspektive – und dennoch ist diese Position zunächst etwas ungewohnt!
Babys Kopf liegt auf Ihrem Arm. Denn zu Beginn seines Lebens ist es sehr anstrengend, den Kopf längere Zeit allein zu halten. Mit der anderen Hand halten Sie seinen Körper sicher fest. Sie werden bald merken, dass Ihr Baby seinen Kopf immer besser selbst halten kann. Achten Sie auch hier deutlich auf die Signale Ihres Kindes.
Wenn Ihr Baby etwa drei Monate alt ist, können Sie ausprobieren, wie gut ihm das Halten schon gelingt. Bewegen Sie dafür Ihren Arm etwas nach unten. Mehr als ein paar Sekunden sollten Sie Ihren unterstützenden Ellenbogen jedoch nicht „entfernen".

Fliegen und Schweben

Fliegen und Schweben bereiten den meisten Babys sehr viel Vergnügen. Auch bei diesen Spielen gilt, dass die Kleinen nur so viel Unterstützung bekommen, wie unbedingt notwendig. Das bedeutet z. B., dass Ihr Baby, wenn es den Kopf schon alleine halten kann, an dieser Stelle keine unterstützende Hand mehr benötigt. Und denken Sie bitte daran: Wenn Ihr Baby bereits etwas müde ist und sich lieber ausruhen möchte, sollten Sie diese Anregungen nicht anbieten.

Auf dem Bauch fliegen: Für dieses Spiel nehmen Sie Ihr Baby wieder im Schalengriff über die Seite hoch. Drehen Sie es dann so, dass es mit dem Bauch auf Ihren Armen liegt. Einer Ihrer Unterarme stützt Babys Bauch, während sich seine Arme über Ihren Arm hinausrecken. Mit der anderen Hand stützen Sie Ihr Baby dann noch am Bauch. Aufgepasst, bitte führen Sie Ihren Arm nicht zwischen den Beinen des Babys hindurch. Das könnte es als unangenehm empfinden. Zudem schränkt es die Bewegungsfreiheit des Kindes ein.

In der Luft schweben: Auch dieses Spiel ermöglicht Ihrem Baby eine ganz neue Perspektive. Heben Sie es dazu im Schalengriff hoch und lassen es – natürlich sicher gehalten – über Ihrem Kopf „schweben". In dieser Position kann Ihr Baby seinen Kopf gut ausbalancieren.

Wenn Sie merken, dass sich Ihr Kind in dieser Lage wohlfühlt, können Sie Folgendes ausprobieren: Bewegen Sie es näher an Ihr Gesicht oder halten Sie es weiter weg – so bringen Sie noch mehr Bewegung ins Spiel und können sehen, wie Ihr Sprössling sich mit dem ganzen Körper den Bewegungen bzw. der Position anpasst.

Spiele im zweiten Vierteljahr

Auch nach den ersten drei Monaten können Sie mit Ihrem Baby die Anre-gungen aus dem vorangegangenen Abschnitt weiter üben. Sie werden inzwischen sicher wissen, welche Spiele Ihrem Kind am meisten Spaß machen. Und Sie werden während des Spielens bemerken, wie sich seine Fähigkeiten entwickelt haben. Denn in der Regel führen Babys die Bewegungen ab dem vierten Monat schon viel verfeinerter aus und sind auch aktiver bei der Sache.

Zu den Spielen, die sich besonders großer Beliebtheit erfreuen, gehören normalerweise alle Spiele rund um den

---

Info

Neues Spielzeug im zweiten Vierteljahr

Zusätzlich zu den bereits bekannten Gegenständen aus dem ersten Vierteljahr sind die folgenden Dinge nützlich:

▶ ein Wasserball (Durchmesser: 40 Zentimeter)
▶ ein weiterer Greifring sowie ein Stab aus Holz (Kochlöffel)
▶ Holzklötzchen
▶ kleine Spielzeuge, z. B. Autos, Stoffpüppchen, mit Sand gefüllte Säckchen
▶ große Gegenstände wie Plastikschüssel oder -flasche
▶ einige stabile Plastikbecher unterschiedlicher Größe, die stapelbar sind
▶ eine schräge Ebene, z. B. ein Keilkissen

Wasserball. Daher wird es im zweiten Vierteljahr Zeit für ein etwas größeres Exemplar. Schließlich hat Ihr Baby derweil einiges an Größe gewonnen!

Neue Spiele für Hände und Füße

In diesem Lebensabschnitt steht für Babys unter anderem das Greifen stark im Mittelpunkt. Ermöglichen Sie Ihrem Kind daher so viele Gelegenheiten wie möglich, seinem angeborenen Forscherdrang nachzugeben: Lassen Sie es nach unterschiedlichen Gegenständen greifen und dabei auch verschiedene Größen und Materialien kennenlernen.

Wasserball für Profis: Für dieses Spiel liegt Ihr Baby in der Rückenlage auf dem Boden. Zeigen Sie ihm nun den an einer Schnur befestigen Wasserball, indem Sie ihn über seine Brust halten – sodass er gut mit den Händen erreicht werden kann. Bitte achten Sie darauf, dass Sie den Ball nicht direkt vor Babys Gesicht halten!

Die ersten Ballkontakte werden wohl noch eher zufällig stattfinden, bald jedoch wird Ihr Baby mit den Händen nach dem Ball „schlagen" und versuchen, ihn zu berühren und anzufassen. Wenn es dann fünf oder sechs Monate alt ist, werden Sie sehen, dass es den Ball nicht nur mit den Händen, sondern auch mit den Füßen zu umfassen beginnt. Dieses Zusammenspiel von Händen und Füßen ist ein wichtiger Schritt in Sachen Koordinationsfähigkeit. Einen solch großen Gegenstand wie den Wasserball halten und handhaben zu können, macht Ihr Baby stolz!

Bitte anfassen! Bei diesem Spiel geht es darum, in Rückenlage verschiedene Dinge zu greifen. Reichen Sie Ihrem Baby zunächst einen Gegenstand und beobachten Sie seine Reaktionen. Zu Beginn wird es sich sehr darauf konzentrieren müssen, den Gegenstand mit beiden Händen umfassen zu können. Schauen Sie genau hin. Denn zunächst wird es mit einer Hand das Spielzeug loslassen, wenn die andere Hand zugreift. Wichtig: Passen Sie bei diesem Spiel immer gut darauf auf, dass keine Gegenstände dabei sind, die Ihr Baby aus Versehen verschlucken könnte.

Übrigens kann Ihr Kind hier auch die ersten Erfahrungen mit unterschiedlichen Materialien sammeln. Reichen Sie ihm neben den bereits genannten Gegenständen (siehe Kasten Seite 54)

Info

Das Greifen

Am Anfang greift ein Baby in der Regel immer mit der ganzen Hand nach einem Gegenstand. Im Alter von etwa sechs Monaten kann es dann mit der rechten Hand nach links und mit der linken Hand nach rechts greifen – also diagonal über seinen Körper zur anderen Seite hin. Auch der Griff verändert sich mit der Zeit: Das Baby greift dann nicht mehr mit der ganzen Hand, sondern mit ausgestrecktem Daumen, Zeige- und Mittelfinger.

ruhig auch mal ein Stück Butterbrotpapier oder Stoff. Neben der unterschiedlichen Beschaffenheit wird es merken, dass ein Holzklotz schwerer ist als ein Stück Stoff, dass dieser wiederum weicher ist als Papier und dass man Papier auch prima zusammenknüllen kann.

Was hängt denn da? Für dieses Spiel, bei dem Ihr Baby auf dem Rücken liegt, benötigen Sie eine Schnur und zwei unterschiedliche Gegenstände, die Sie daran aufhängen und Ihrem Baby zum Greifen hinhalten. Achten Sie auch hier auf die richtige Position und halten Sie die Gegenstände über seine Brust, sodass es sie gut greifen kann. Ihr Kind merkt bei diesem Spiel, dass sich Dinge, die aufgehängt sind, anders verhalten als am Boden liegende Sachen, die es gereicht bekommt.

Übrigens: Mehr als zwei Gegenstände sollten Sie nicht an der Schnur befestigen, da es sonst zu viel wird und Ihr Kind sich nicht eingehend mit den einzelnen Sachen beschäftigen kann.

Ein Tipp für Sie, damit das Halten der Schnur nicht zu anstrengend wird: Binden Sie die Gegenstände an einen Kleiderbügel!

Mit den Füßen spielen: Während Ihr Baby im ersten Vierteljahr seinen Füßen kaum Aufmerksamkeit gewidmet hat, ändert sich dies gegen Ende des zweiten Vierteljahres. Denn nun zeigt es wahrscheinlich großes Interesse an seinen Füßen und spielt häufig mit ihnen. Gut zu wissen: Beim Spiel mit den eigenen Füßen werden die

Bauchmuskeln trainiert, und die Lendenwirbelsäule wird gedehnt. Das ist besonders wichtig für das Sitzen!

Und so fördern Sie den kindlichen Bewegungstrieb: Legen Sie zunächst ein Tuch oder ein Band auf einen Fuß Ihres Kindes. Nun wird es vermutlich versuchen, seinen Fuß bzw. den darauf liegenden Gegenstand zu greifen. Sehen Sie zu, was Ihr Baby macht. Nimmt es zunächst den Gegenstand und beschäftigt sich eingehender mit ihm? Oder kehrt seine Aufmerksamkeit direkt zu seinen Füßen zurück? Sie können dieses Spiel übrigens auch

| Tipp

So werden Füße interessanter

Gerade Babys, die etwas mehr „Babyspeck" haben, fällt es zu Beginn schwerer, Hände und Füße zusammen zu bewegen oder auch die Füße zum Mund zu bringen. Denn das ist für sie besonders anstrengend. Mit diesem Spiel können Sie einen stärkeren Anreiz für diese Bewegung schaffen.

mit einer Socke, die Sie Ihrem Kind über den Fuß stülpen, oder mit einem Plastikbecher, den Sie auf seinen Fuß setzen, weiterführen.

Tipp: Sobald die Temperaturen es ermöglichen, sollten Sie Ihr Baby nackt spielen lassen, da Sie ihm so die größtmögliche Bewegungsfreiheit bieten. Vor allem ohne Windel kann Ihr Baby viel besser mit den Händen an seine Füße gelangen.

Auf dem Bauch spielen

In der Regel wird die Bauchlage dem Baby im zweiten Vierteljahr schon etwas vertrauter und angenehmer. Doch es gibt auch zahlreiche Babys, die immer noch nicht gerne bäuchlings liegen. Daher finden Sie im folgenden Abschnitt weitere Anregungen, mit denen Sie das Liegen auf dem Bauch für Ihr Baby „spielend" gestalten und damit interessanter machen können.

Was liegt denn dort? Ihr Baby liegt auf dem Bauch. Legen Sie ein kleines Spielzeug, beispielsweise den Greifring, so vor Ihr Kind, dass es dieses gut erreichen kann. Ihr Baby muss nun, will es das Spielzeug greifen, seinen Oberkörper und den Kopf ausbalancieren. Und zwar sozusagen „einarmig", während es den anderen Arm in Richtung Gegenstand führt und mit der Hand zu nehmen versucht.

Gut zu wissen: Ihr Baby erfährt bei diesem Spiel, dass sich liegende Objekte anders verhalten als hängende Gegenstände. Schon bald werden Sie feststellen können, dass sich Ihr Spross immer sicherer in dieser Position fühlt und den Gegenstand mit beiden Händen greifen kann.

Aus erhöhter Position: Einen zusätzlichen Anreiz können Sie geben, indem Sie Ihr Baby in eine erhöhte Position bringen. Für dieses Spiel benötigen Sie zunächst einige Gegenstände, die Sie leicht in eine Schüssel oder auf ein Tablett legen können. Dann machen Sie es sich mit ausgestreckten Beinen auf dem Boden bequem und legen Ihr Kind quer über Ihre Oberschenkel. Achten Sie darauf, dass Ihr Baby in dieser Lage die Arme frei bewegen kann! Positionieren Sie nun die vorbereitete Schüssel oder das Tablett so, dass Ihr Baby leicht nach unten greifen und mit den Objekten spielen kann. Durch das Greifen von oben nach unten erleichtern Sie Ihrem Baby die Bauchlage, da es sich nicht abstützen muss und so länger seine Hände zum Greifen und Erforschen der Gegenstände nutzen kann.

Aufgepasst: Nach einiger Zeit wird sich Ihr Baby sicher mit den Händen auf dem Boden abstützen wollen. Sollte das beim Liegen auf Ihren Oberschenkeln nicht gehen, probieren Sie es einfach auf den Unterschenkeln aus – Ihr Baby sollte zum Abstützen den Boden auf jeden Fall gut erreichen können.

Auge in Auge: Für dieses Spiel legen auch Sie sich auf den Bauch, und zwar Ihrem Baby gegenüber. Ihre Gesichter befinden sich nun auf Augenhöhe. Ihr Baby wird vermutlich sehr interessiert jede Ihrer Bewegungen verfolgen. Probieren Sie es einfach aus! Drehen Sie

Tipp

Immer wieder bäuchlings

Auch wenn Ihr Baby die Bauchlage nicht mag, sollten Sie dennoch nicht darauf verzichten. Bieten Sie ihm diese Position mehrmals am Tag, aber immer nur kurz, an.
Und denken Sie bitte daran: Die Bauchlage ist anstrengend. Daher sollten Sie anschließend auch immer wieder Ausruhphasen einlegen, in denen das Baby auf dem Rücken liegt.

Ihren Kopf, und aller Wahrscheinlichkeit nach wird Ihr Baby dieser Bewegung durch das Drehen seines Kopfs folgen.

Schiefe Ebene: Auch ein sogenanntes Keilkissen kann helfen, Ihr Baby mit der Bauchlage vertrauter zu machen und diese Position interessanter zu gestalten.
Die „schiefe Ebene" können Sie aber auch selbst schaffen, indem Sie ein Brett oder eine feste Matratze nehmen und an einem Ende eine zusammengerollte Decke oder ein Handtuch (Rollendurchmesser: fünf bis zehn Zentimeter) unterschieben.

Die Seitenlage

Im Alter von vier bis sechs Monaten bleibt Ihr Baby meist noch so liegen, wie Sie es hingelegt haben, sprich: auf dem Bauch oder auf dem Rücken. Sie können ihm jedoch kleine Bewegungen anbieten, mit deren Unterstützung es selbst seine Lage verändern und sich letztlich aus eigener Aktivität heraus eine neue Perspektive verschaffen kann.

Mit Ihrem Finger zur Seite: Wenn Ihr Baby auf dem Rücken liegt, schaut es

Tipp

Spiegelspiele

Ganz besondere Spielmöglichkeiten können Sie Ihrem Baby anbieten, wenn Sie mit einem großen Spiegel oder Spiegelfolie spielen. Achten Sie darauf, dass der Spiegel bruchsicher ist! Legen Sie ihn auf den Boden und geben Sie Ihrem Baby die Möglichkeit, sich darauf zu bewegen, sodass es sich von allen Seiten betrachten kann. Mit ein bisschen Fantasie können Sie die Wahrnehmung beeinflussen: Wenn Sie z. B. ein wenig Schaum (etwa Rasierschaum) auf der Oberfläche verreiben, dann verschwindet das Spiegelbild. Gleichzeitig fühlt sich der Spiegel plötzlich ganz anders an. Nun kann man sogar ganz wunderbar leicht darüberrutschen! Reiben Sie ein kleines Guckloch in den Schaum – und schon kann Ihr Baby sich wieder sehen. Nicht zuletzt: Dieses Spiel kann idealerweise nackt gespielt werden, z. B. kurz vor dem Baden oder Waschen.

interessiert zur Seite. Das haben Sie sicherlich schon bemerkt. Doch selbstständig drehen kann es sich noch nicht. Nun kommen Sie ins Spiel: Reichen Sie ihm Ihren Zeigefinger. Wenn es sich aus Ihrer Perspektive nach

---

Tipp

Spielen mit Laub

Buntes Herbstlaub wirkt auf kleine und große Kinder gleichermaßen faszinierend. Sicher haben Sie beim Spazierengehen schon einmal beobachten können, wie Kinder zwischen den herabgefallenen Blättern toben.
Auch für die Kleinsten können Sie ein „Blätterbad" arrangieren. Sammeln Sie dazu reichlich Laub von verschiedenen Bäumen und legen Sie es in ein Planschbecken. Je mehr Laub, desto besser! Nun kann Ihr Kind ganz unterschiedliche Dinge ausprobieren: an den Blättern riechen, sie durch die Hände rieseln lassen oder in die Luft werfen, sie zerreißen oder Gegenstände, die Sie im Laub versteckt haben, suchen.

---

rechts dreht, dann wird es mit seiner rechten Hand zugreifen, wenn es sich von Ihnen aus gesehen nach links dreht, dann nimmt es Ihren Finger mit der linken Hand. Nun bewegen Sie Ihre Hand langsam zur Seite, denn so unterstützen Sie Ihr Baby sanft bei der Drehung.
Übrigens: Wenn Ihr Baby den angebotenen Finger nicht greifen bzw. festhalten will, dann hat es möglicherweise keine Lust auf dieses Spiel oder das Drehen.

Und weiter auf den Bauch: Wenn Ihr Baby mit der Anregung „Mit Ihrem Finger zur Seite" vertraut ist, bewegt sich bei der Drehung zur Seite der gesamte Körper. Betrachten Sie die Beine Ihres Kindes: In der Regel fehlt jetzt nur noch ein kleines Stückchen, und die Drehung auf den Bauch wird komplett.
Und so können Sie Ihr Kind dabei unterstützen: Reichen Sie ihm Ihren Zeigefinger. Wenn Ihr Baby fest zugreift, bewegen Sie Ihre Hand so, dass sich Ihr Kind vollständig auf den Bauch drehen kann. Falls der Unterarm, über den sich Ihr Baby gedreht hat, nun noch unter seinem Körper liegt, hilft Folgendes: Streicheln Sie sanft mit der flachen Hand über Babys Rücken bis hin zum Po. Dadurch reckt es den Oberkörper in die Höhe, und es gelingt ihm meist rasch, den Arm zur Seite zu bewegen und ihn auf diese Weise zu „befreien".
Wenn Sie Ihr Baby mit diesen Anregungen vertraut gemacht haben, kön-

nen Sie ihm eine weitere Art des Drehens anbieten. Und so geht's: Ihr Baby liegt auf dem Rücken. Reichen Sie ihm nun einen Greifring. Ideal ist ein Ring mit zehn Zentimetern Durchmesser Wenn es dabei nach rechts schaut, geben Sie ihm den Gegenstand in die linke Hand, blickt es nach links, geben Sie ihn in sein rechte Hand. Reichen Sie ihm den Ring langsam und bewegen Sie ihn dann in die Richtung, in die ihr Baby geschaut hat. Wichtig: Lassen Sie auch bei dieser Variation Ihr Baby entscheiden, ob es sich zur Seite oder doch bis auf den Bauch drehen möchte.

Auf geht's: Vermutlich haben Sie bei Ihrem Baby auch schon festgestellt, dass es häufiger versucht, seinen Kopf von der Unterlage zu heben und sich umzuschauen. Gut zu wissen: Diese Bewegung deutet noch nicht an, dass Ihr Baby sitzen möchte. Es will schlichtweg mehr von der Welt sehen! Denken Sie daran, zum Sitzen ist es für Babys Wirbelsäule und Muskulatur noch zu früh! Mit den folgenden Ideen können Sie es aber sehr gut darin unterstützen, sich einen neuen Blickwinkel zu erobern.
Ihr Baby liegt bei dieser Anregung auf dem Rücken. Sie reichen ihm nun beide Zeigefinger. Passen Sie bitte auf, dass es wirklich nur die Finger sind und Sie nicht etwa seine Handgelenke umfassen. Wenn Ihr Baby die Finger greift, dann ziehen Sie Ihre beiden Hände etwas zu sich. Achten Sie darauf, ob Ihr Kind sich weiterhin festhält und sich daran hochzieht. Denken Sie daran, dass auch hier Ihr Baby das Tempo bestimmt. Wenn es zu Beginn nur den Kopf von der Unterlage hebt, ist auch das völlig in Ordnung.
Tipp: Schauen Sie auf Babys Arme. Sind diese beim Hochziehen gebeugt, ist Ihr Kind der aktive Part. Sind Sie es nicht, übernehmen Sie das Hochziehen – und das ist schließlich nicht Sinn der Übung!
Wenn Sie merken, dass Babys Kraft nachlässt, sich also sein Händedruck verändert, können Sie jeweils Ihren Daumen auf seinen Handrücken legen und die Position absichern. Wenn Sie diese Übung regelmäßig wiederholen, werden Sie sehen, dass sich Ihr Baby mit der Zeit immer weiter nach oben zieht und schließlich bis in die Sitzposition kommt. Wichtig: Achten Sie da-

Info

Fließende Bewegungen

Wichtig ist bei diesen Anregungen, bei denen sich das Baby hochzieht, dass ein fließender Bewegungsablauf entsteht. Daher sollten Sie darauf achten, dass sich Ihr Kind über die Seite und nicht gerade hochzieht. Dies können Sie unterstützen, indem Sie einfach mit einem Finger etwas mehr Zugkraft entwickeln als mit dem anderen. Das Ablegen erfolgt dann über die andere Seite.

rauf, dass Ihr Kind nur wenige Sekunden in dieser Position verbleibt. Dann legen Sie es wieder langsam über die Seitenlage ab.

An den Ringen: Wenn Sie Ihr Baby mit der gerade beschriebenen Anregung vertraut gemacht haben, dann können Sie ihm eine weitere Art des Hochziehens anbieten. Dazu benötigen Sie zwei Greifringe, die es gut greifen und halten kann. Ideal sind Ringe mit zehn Zentimetern Durchmesser.

Und so geht's: Ihr Baby liegt auf dem Rücken. Geben Sie ihm jeweils einen Greifring in jede Hand. Sie selbst halten weiterhin beide Ringe in einer Hand, während Sie Ihre andere Hand hinter Babys Rücken positionieren. Dies geschieht zur Sicherheit, falls Ihr Baby die Ringe loslassen sollte. Sie können es in diesem Fall mit Ihrer Hand abstützen und so vermeiden, dass es umfällt.

Auch bei dieser Übung hebt das Baby seinen Oberkörper und das Köpfchen an. Und auch bei dieser Übung hat Ihr Baby das gute Gefühl, dass es die Bewegung fast ganz allein schafft – das gibt Auftrieb fürs Selbstbewusstsein und macht Lust auf mehr! Gut zu wissen: Sie können für dieses Spiel auch einen Holzstab oder einen Kochlöffel verwenden, weil die Griffposition dann etwas anders ist. Möglicherweise erleichtert dies das Halten für beide Seiten. Probieren Sie einfach aus, welche Variante Ihnen besser gefällt.

Auf eigenen Füßen: Nach einiger Zeit wird Ihr Baby dann vermutlich auch versuchen, sich weiter nach oben zu bewegen und in den Stand zu kommen. Wenn es sich aus eigener Kraft auf die Füße stemmen kann, ist das eine schöne Erfahrung. Stehen sollte es dennoch nicht. Das bedeutet für Sie: Legen Sie es nach wenigen Sekunden im Stand wieder auf den Rücken. Wenn es Lust hat, kann es seine Kraft gleich noch einmal unter Beweis stellen. Und auch dann sollten Sie es rasch wieder in die Rückenlage bringen.

Trage- und Hebespiele

Mit dem Tragen und Schweben ist Ihr Baby durch die Anregungen für das erste Vierteljahr vertraut. Im Folgenden finden Sie Erweiterungen bereits bekannter Spiele, die es sicherlich sehr genossen hat, sowie neue Ideen.

In der Luft schweben: Dieses Spiel hat Ihr Baby bereits erlebt. Nun ist es an der Zeit für eine spannende Erweiterung. Ihr Spross kennt es schon, sanft nach links und rechts geneigt zu werden. Nun kann er schon mehr: Sie werden sehen, dass er seinen Kopf und auch den Körper ausrichten kann, wenn Sie ihn stärker zur Seite neigen. Und so geht's: Heben Sie Ihr Baby im Schalengriff hoch und lassen es – natürlich sicher gehalten – auf Kopfhöhe „schweben". Blicken Sie Ihr Kind direkt an, sprechen Sie mit ihm, das vermittelt zusätzliche Sicherheit. Dann können Sie Ihr Baby langsam in die Seitenlage neigen. Wenn Sie sehen, dass dieses Spiel Ihrem Kind Spaß macht, bringen Sie es wieder zurück zur Mitte und wiederholen die Bewegung zur anderen Seite. Achten Sie darauf, wie Ihr Sprössling sich mit dem ganzen Körper den Bewegungen bzw. der neuen Position anpasst.

Gemeinsam bewegen: Für dieses Spiel nehmen Sie Ihr Baby über die Seite hoch und tragen es mit dem Rücken vor Ihrer Brust. Dabei sieht es so aus, als würde es auf Ihrem Unterarm sitzen, denn dieser liegt unter Babys Po. Doch den eigentlichen Halt

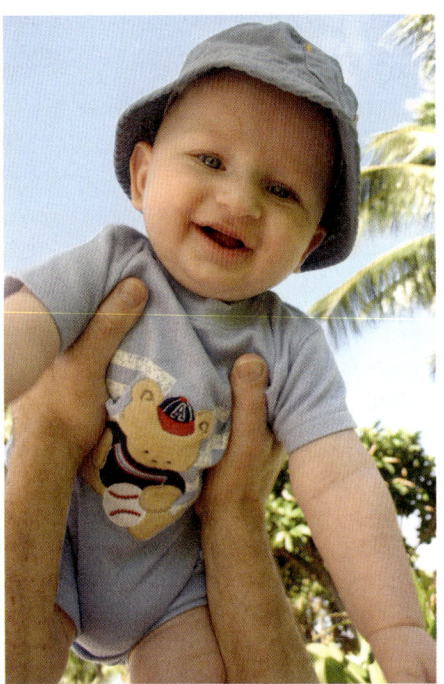

geben Sie in dieser Position mit der anderen Hand, denn diese stützt von vorn die Brust Ihres Babys.

Aus dieser Stellung heraus lassen sich nun gut gemeinsame Bewegungen zur Seite und nach vorn hin ausführen. Durch den engen Körperkontakt kann Ihr Kind Ihre Bewegungen und deren Rhythmus gut erspüren und seine Bewegungen anpassen und danach ausrichten. Gut zu wissen: Mit dieser Anregung wird Babys Gleichgewichtssinn stimuliert.

Hopsen macht Spaß: Für dieses Spiel setzen Sie sich mit ausgestreckten Beinen auf den Boden. Nehmen Sie Ihr Baby nun mit dem Schalengriff über

Sicherheitstipps für das erste Halbjahr

Je neugieriger Ihr Kind mit der Zeit wird, desto mehr sind Sie in Sachen Sicherheit gefragt. Achten Sie daher auch in den PEKiP-Spielstunden auf ein sicheres Umfeld und konzentrieren Sie sich gerade bei den neuen Bewegungsübungen. Unfallrisiken ergeben sich in den ersten sechs Monaten unter anderem in folgenden Situationen:

▸ Stürze durch falsches bzw. unsicheres Halten
▸ Einatmen von Kleinteilen, Atemnot/Ersticken durch ein zugedecktes Gesicht oder das Verwickeln in Bänder etc.

Je mehr Ihr Kind sich dann bewegen kann, umso mehr rücken auch die Dinge in der Umgebung in sein Blickfeld. Und es ist wahrscheinlich, dass es danach greift. Bedenken Sie auch, dass diese Bewegungen zu Beginn noch recht unkoordiniert sind. Folgendes sollten Sie daher zusätzlich im Blick haben: Achten Sie beim Spielen sorgsam darauf, dass sich nichts in Reichweite Ihres Kindes befindet, was es nicht auch in den Mund nehmen darf. Das Verschlucken von Kleinteilen ist schlichtweg ein Risikofaktor und kann im schlimmsten Fall zum Erstickungstod führen.

die Seite hoch und halten es senkrecht über Ihre Oberschenkel. Babys Füße berühren Ihre Oberschenkel, es kann sich auf diese Weise abstoßen.
Heben Sie Ihr Kind nun etwas hoch, sodass es die Beine wieder anwinkeln kann. Es folgt ein rhythmischer Bewegungsablauf: Abwechselnd beugt und streckt Ihr Baby seine Beine. Wichtig ist, dass Ihre Arme das „hopsende" Baby tragen, denn allein kann es sein Gewicht auf keinen Fall halten.

Und keine Sorge, Sie können Ihr Baby mit diesem Spiel kaum überfordern. Denn Sie merken recht schnell, wann es keine Lust mehr hat oder das Hopsen zu anstrengend wird. Übrigens werden auch Sie rasch merken, dass Ihre Arme bei dieser Übung sehr beansprucht werden!
Mittlerweile sind übrigens zahlreiche Geräte im Handel erhältlich, die Babys das durch Halterungen gesicherte Hopsen ermöglichen sollen. Von solchen

„Hilfsmitteln" ist jedoch abzuraten, da das Baby keinerlei Einfluss auf die Bewegung hat. Das bedeutet konkret: Wenn es müde wird, kann es nicht einfach unterbrechen, sondern federt nach.

Zudem ist der Halt oft unzureichend, was Haltungsschäden begünstigen kann. Oftmals kommen auch die Füße nicht richtig auf den Boden, was wiederum zu Fehlstellungen führen kann. Und nicht zuletzt: Kein Gerät kann den intensiven Kontakt zur Bezugsperson ersetzen und auch nur ansatzweise ähnliche Freude machen, wie es das gemeinsame Spiel vermag.

Spiele im dritten Vierteljahr

Die ersten sechs Monate mit Ihrem Baby sind wahrscheinlich wie im Flug vergangen, und Sie haben zahlreiche spannende Entwicklungsschritte erleben können. Im zweiten Halbjahr werden Babys nun verstärkt mobiler und erschließen immer neue Möglichkeiten, sich fortzubewegen. Sie drehen sich alleine um, robben und krabbeln und beginnen irgendwann, sich an Möbeln hochzuziehen und sich in den Stand zu bringen. Bis zu den ersten Schritten ist es dann nicht mehr weit. Und: Je mobiler Kinder werden, umso größer wird auch Ihr Interesse an der Umgebung.

Zudem wird ein Kind in dieser Zeit zunehmend selbstständiger und kann sich schon eine Weile allein beschäfti-

> **Tipp**
>
> **Der ideale Zeitpunkt**
>
> In der zweiten Hälfte des ersten Lebensjahres zeigt Ihr Kind nun bereits sehr viel differenzierter, welche Spiele und Anregungen ihm besonders gut gefallen. Zudem sind die Phasen, in denen es ausdauernd und konzentriert spielen kann, deutlich länger. Da es in diesen Zeiten wesentlich aufnahmebereiter ist, empfiehlt es sich, die Spielstunden gerade dann stattfinden zu lassen und gegebenenfalls auch einmal auszudehnen. Gerade für berufstätige Elternteile sind die gemeinsamen Spielstunden eine wunderbare Gelegenheit, sich intensiv mit dem Nachwuchs zu beschäftigen.

gen. Die in den beiden folgenden Abschnitten beschriebenen Anregungen für das zweite Halbjahr fördern diese Selbstständigkeit. Dabei braucht Ihr Baby Sie natürlich weiterhin als Partner. Sie sollten es beim Spielen also nicht sich selbst überlassen.

Übrigens: Das gemeinsame Spiel fördert Ihr Baby auch dahin gehend, dass die Zeiten, in denen es allein spielen kann, immer länger werden. Und auch der Schlafrhythmus verändert sich im Vergleich zum ersten Halbjahr in der Regel noch einmal deutlich. Zugleich wird Ihr Baby vermutlich mit stärkerer

Aufmerksamkeit dem folgen, was Sie im Alltag tun.

Eines sollten Sie nicht vergessen: Die Entwicklung eines Babys ist von Beginn an individuell, und gerade im zweiten Halbjahr werden die Unterschiede zwischen verschiedenen Kindern noch stärker deutlich. Zwar verläuft die Entwicklung zum Laufen hin meist in der gleichen Reihenfolge – das heißt ein Baby wird am Anfang robben, danach krabbeln und später versuchen, sich aufzurichten. Wann genau es das allerdings tut, können Sie nicht aus dem Vergleich mit gleichaltrigen Kindern schließen.

Neue Spiele für die Hände

Babys Freude an den neuen Bewegungsmöglichkeiten können Sie kaum übersehen. Es macht sich daran, die Welt zu erobern. Und auch das Denken sowie die Geschicklichkeit seiner Hände entwickeln sich sehr schnell. Ihr Kind ist im wahrsten Sinne des Wortes auf dem besten Weg, die Welt zu begreifen. Das Greifen steht also weiterhin ganz deutlich im Mittel-

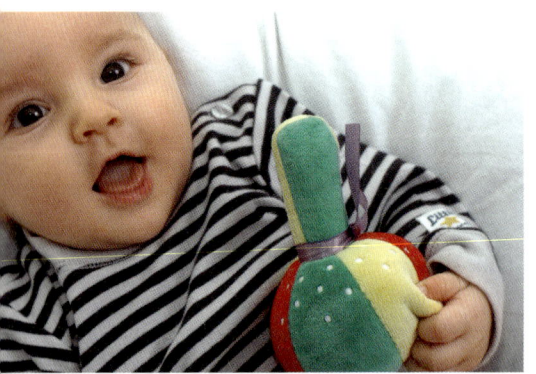

> ### Info
>
> ### Neues Spielzeug im zweiten Halbjahr
>
> Zusätzlich zu den bereits bekannten Gegenständen aus dem ersten Halbjahr sind für die Anregungen in der zweiten Hälfte von Babys erstem Lebensjahr folgende Dinge nützlich:
> - ein Ball zum Fußball spielen
> - ein Bilderbuch
> - ein Tuch
> - kleine Spielzeuge und einige Haushaltsgegenstände (z. B. Kochlöffel, Schneebesen, Töpfe, Plastikschalen etc.)
> - für Krabbel- und Kletterspiele unter anderem ein Stuhl, eine Haushaltstrittleiter, eine Matratze

punkt. Ermöglichen Sie Ihrem Kind daher so viele Gelegenheiten wie möglich, seinem angeborenen Forscherdrang nachzugeben: Lassen Sie es verschiedene Größen und Materialien kennenlernen. Machen Sie es auf spielerische Weise mit den Unterschieden zwischen groß und klein, weich und hart, leicht und schwer etc. vertraut. Das geht mit ganz alltäglichen, natürlichen Gegenständen am besten.

Greifen – ganz unterschiedlich: Für dieses Spiel benötigen Sie mehrere Gegenstände aus verschiedenen Materialien. Ihr Baby kann dadurch unterschiedliche Beschaffenheiten kennenlernen und zugleich mit Alltagsgegenständen vertraut werden. Natürlich sollten Sie ihm nur Dinge reichen, an denen es sich nicht verletzen kann. Ungeeignet sind außerdem Plastikfolie und Styropor, da beides verschluckt werden kann. Die Folie kann sich zudem möglicherweise auf Babys Gesicht legen und seine Atmung behindern. Außerdem wichtig: Passen Sie auch bei diesem Spiel immer gut darauf auf, dass keine Gegenstände dabei sind, die Ihr Baby aus Versehen verschlucken könnte. Gut geeignet sind beispielsweise ein Löffel, ein Schneebesen, ein Sieb, eine Pappschachtel, ein Tuch sowie unterschiedliche Becher.

Ihr Kind nimmt nun die Position ein, die ihm am besten passt – es kann liegen oder sitzen, wie es für das Kind bequem ist. Sie sind in seiner Nähe und reichen ihm nacheinander die verschiedenen Gegenstände. Interessant ist bei diesem Spiel unter anderem, wie Ihr Baby nach den Gegenständen greift, wie es sie festhält und was es mit ihnen macht. Denn um den jeweiligen Gegenstand richtig greifen zu können, muss das Kind seine Hand daran anpassen. Achten Sie darauf, ob es schon den Daumen seinen anderen Fingern gegenüberstellt – denn dies ist ein wichtiger Schritt, um überhaupt einen Gegenstand mit einer Hand festhalten zu können.

Übrigens: Mit diesem Spiel fördern Sie die Entwicklung der Feinmotorik. Sie werden sehen, dass es Ihrem Kind zunehmend schneller gelingt, die Hände in die richtige Stellung zu bringen, um einen Gegenstand richtig zu greifen. Später dann wendet es wie von selbst den richtigen Griff an!

Variation: Verändern Sie die Art, wie Sie Ihrem Kind den Gegenstand reichen. Bieten Sie ihm z. B. einen Kochlöffel mal mit dem Stiel nach oben, zur Seite oder nach unten hin an, mal einen Becher mit der Öffnung nach oben oder nach unten. Auf diese Weise richtet Ihr Baby seine Hand schon vor dem Greifen unterschiedlich aus.

Info

Das Wegwerfspiel

Nachdem Ihr Baby gelernt hat, wie es Gegenstände greifen kann, lernt es auch, die Hand bewusst zu öffnen, um einen Gegenstand wieder fallen zu lassen. Es beobachtet dabei genau, wie sich das fallende Objekt verhält.

Für Sie als Eltern mag es anstrengend sein, den Gegenstand immer wieder aufzuheben – nur damit er aufs Neue weggeworfen wird. Denken Sie bitte daran, dass Ihr Kind Sie damit nicht ärgern will, sondern auf diese Weise herausfinden möchte, wie sich Dinge verhalten.

Bitte beides anfassen! Bei diesem Spiel geht es darum, zwei verschiedene Dinge zu greifen und ihr Zusammenspiel auszuprobieren. Reichen Sie Ihrem auf dem Rücken liegenden Baby einen Gegenstand in jede Hand und beobachten Sie seine Reaktion. Vermutlich wird Ihr Baby beide Gegenstände aneinanderschlagen und die Geräusche wahrnehmen, die dabei entstehen.

Diese Anregung können Sie übrigens sehr gut sprachlich begleiten. Das bedeutet konkret: Wenn Ihr Baby einen Holzklotz und einen Becher aneinanderschlägt, dann ergibt das ein anderes Geräusch als wenn es dies mit zwei Gegenständen aus Holz tut. Wenn es hingegen ein Stoffpüppchen und einen Holzklotz aneinanderdrückt, entsteht kein Geräusch. Diese unterschiedlichen „Ergebnisse" und Eindrücke können Sie sehr gut in Worte fassen und dadurch verstärken.

Eine neue Dimension: Für dieses Spiel benötigen Sie einen Behälter, etwa eine Pappschachtel, eine Dose oder einen Plastikbecher. Reichen Sie Ihrem Baby nun zunächst diesen Gegenstand und lassen es ihn erforschen. Aller Voraussicht nach wird es diesen Behälter genau untersuchen. Es wird ihn jedoch nicht nur an der Außenseite unter die Lupe nehmen, sondern auch die Innenseite betrachten. Dabei tastet es das Innere ab und macht so erste Erfahrungen mit der dritten Dimension des Raumes: der Tiefe.

| Tipp

Die Küchenschublade

Die Küche ist ein Ort, der auf die meisten Babys eine große Faszination ausübt. Während Sie bestimmte Bereiche auf jeden Fall sichern sollten (alle Elektrogeräte, Herd, scharfkantige Küchenutensilien etc.), können Sie Ihrem Kind eine sowieso leicht zugängliche Schublade „überlassen".

Sie werden zum einen sehen, wie viel Vergnügen es ihm bereitet, diese Schublade immer wieder zu öffnen und zu schließen. Zum anderen können Sie diese Lade mit geeigneten Gebrauchsgegenständen füllen, die Ihr Baby aus- und einräumen kann.

Gut geeignet sind auch hier wieder Löffel, Plastikbecher und -teller sowie kleine Töpfe. Auf diese Weise können Sie Ihr Baby in der Küche beschäftigen, während es zugleich an dem teilhaben kann, was Sie erledigen. Es wird sicherlich nicht lange dauern, bis es mit großer Freude bestimmte Handgriffe nachahmt!

Hinein und heraus: Bei dieser Spielanregung geht es darum, Gegenstände ineinander zu stecken. Für dieses Spiel benötigen Sie daher eine Dose oder einen Karton, in den Sie ein rundes Loch schneiden, sodass Ihr Baby hineingreifen kann. Nun füllen Sie die Dose oder den Karton mit Dingen wie Korken, Holzklötzchen, Löffeln, Kastanien oder Ähnlichem – Ihrer Fantasie sind dabei keine Grenzen gesetzt.

Reichen Sie Ihrem Baby den Behälter und beobachten Sie seine Reaktion. Es wird vermutlich in den Behälter hineingreifen und die einzelnen in ihm enthaltenen Gegenstände herausholen. Damit ist das Spiel aber keinesfalls beendet! Denn anschließend kann Ihr Spross die Dinge wieder hineinstecken. Dieses Spiel wird es mit Sicherheit eine Weile beschäftigen.

Info

Entdecken braucht Zeit

Reichen Sie Ihrem Kind nie zu viele Gegenstände auf einmal und lassen Sie ihm ausreichend Zeit für seine Entdeckungen. Auf diese Weise kann sich seine Konzentrationsfähigkeit optimal entwickeln. Und denken Sie daran: Kinder lieben und brauchen Wiederholungen. Dasselbe gilt übrigens auch für Lieder und Fingerspiele. Durch die Wiederholungen erkennt es diese wieder, kann sie behalten und dann auch nachahmen.

Tipp: Die unterschiedlichen Dinge sollten Sie ihm nicht alle auf einmal, sondern nur nach und nach bzw. abwechselnd reichen. Zudem halten Sie Babys Interesse wach, indem Sie die Gegenstände danach wieder wegräumen und erst beim nächsten Mal, wenn Sie dieses Spiel machen, hervorholen.

Bis zum Krabbeln ist es nicht mehr weit

Noch bevor Ihr Baby sich tatsächlich krabbelnd vorwärts bewegt (linker Arm nach vorn und rechtes Bein unter dem Bauch anziehen sowie umgekehrt), trainiert es schon fleißig die notwendigen Einzelbewegungen. Übrigens: Babys Körpergewicht wird beim Krabbeln gut zur Hälfte von den Armen getragen, und es braucht eine kräftige Bauchmuskulatur, um die Beine entsprechend anziehen zu können. Im Folgenden finden Sie daher einige Anregungen, die Ihr Kind aufs Krabbeln vorbereiten.

Der Griff nach oben: Für dieses Spiel benötigen Sie einen oder mehrere interessante Spielzeuge, z. B. eine Rassel und ein Stoffpüppchen. Und so geht's: Ihr Baby liegt auf dem Bauch, Sie knien sich daneben. Reichen Sie ihm nun das Spielzeug etwa auf Brusthöhe von oben. Sie werden sehen: Ihr Kind wird sich mit einem Arm abstützen und mit der anderen Hand den Gegenstand greifen. Dabei verändert sich seine Lage. Um nicht umzukippen, stützt es sich mit einem Knie auf

suchen, den Gegenstand zu erreichen und zu greifen. Bewegen Sie den Gegenstand auch abwechselnd nach rechts und nach links.

Der Griff zur Seite: Diese Anregung ist eine Variation des eben genannten Spiels. Ihr Kind liegt dafür allerdings auf der Seite. Nun reichen Sie ihm von der Seite etwa auf Brusthöhe einen Gegenstand. Es hebt zunächst den Kopf und wird sich höher auf dem Unterarm abstützen, auf dem es liegt, um mit der anderen Hand das Spielzeug zu erreichen, das Sie ihm anbieten. Um in dieser Lage das Gleichgewicht zu halten, stützt es sich mit dem Fuß ab.

Info

Bewegungsfreiheit

Die Spielzeiten sollte Ihr Baby auch weiterhin nackt erleben können, soweit dies möglich ist. Gönnen Sie ihm die komplette Bewegungsfreiheit, sooft es geht. Natürlich sollten Sie dabei immer auf eine angemessene Raumtemperatur achten.

derjenigen Körperseite ab, deren Arm es hebt. Das bedeutet konkret: Greift Ihr Baby mit der linken Hand nach dem Gegenstand, so benutzt es das linke Knie zur Absicherung seiner Position.
Alternativ können Sie Ihrem Baby die Gegenstände auch von vorn anbieten. Dabei liegt es auf dem Bauch, während Sie das Spielzeug in etwa 20 Zentimeter Entfernung vor seine Brust halten. Auch in dieser Lage wird Ihr Kind ver-

Der Vierfüßlerstand: Für dieses Spiel setzen Sie sich mit ausgestreckten Beinen auf den Boden. Nun legen Sie Ihr Kind quer über Ihre Oberschenkel auf den Bauch. Eine Hand befindet sich dabei auf Babys Po und übt ganz leichten Druck aus. Dann fangen Sie an, Ihre Beine abwechselnd nach oben und nach unten zu bewegen – aber nur ein bisschen! Beobachten Sie nun, was Ihr Baby tut: Es stützt sich abwechselnd mit den Händen ab. Wichtig ist bei diesem Spiel, dass Sie immer wieder kleine Pausen dazwischenschieben, damit Ihr Baby den sogenannten Vierfüßlerstand auch in Ruhe ausprobieren kann. Dabei geben Ihre Oberschenkel Babys Bauch den notwendigen Halt.

Jetzt wird geklettert! Für diese Anregung benötigen Sie ein Spielzeug, das Sie Ihrem Kind zeigen können, sozusagen als „Lockvogel". Dann legen Sie sich bequem mit dem Rücken auf den Boden. Am besten stützen Sie Ihren Kopf mit einer Decke oder einem Kissen ab. Legen Sie Ihr Kind bäuchlings

quer über Ihren Bauch. Seine Knie befinden sich noch neben Ihnen auf dem Boden, die Arme zunächst über Ihren Beinen.

Zeigen Sie ihm dann das Spielzeug – jedoch so, dass Ihr Baby es nicht erreichen kann – und legen Sie es auf Ihrer anderen Seite ab. Mit der flachen Hand geben Sie Halt an Babys Fußsohlen. Auf diese Weise kann sich Ihr Kind gut abstoßen, wenn es versucht, das Spielzeug zu erreichen. Wichtig ist vor allem, dass Sie eine Hand noch auf den Rücken oder Po des Kindes legen, um es gegebenenfalls abstützen zu können, wenn es sich nach dem Spielzeug neigt.

Übrigens können Sie auch diese Übung sprachlich sehr gut begleiten, indem Sie das Baby dazu auffordern, sich das Spielzeug zu holen.

Wenn es mit diesem Spiel vertraut ist, probieren Sie es einmal mit der folgenden Variation: Begeben Sie sich in die Seitenlage. Platzieren Sie das Spielzeug neben sich, allerdings nicht in unmittelbarer Reichweite. Dann legen Sie Ihr Baby längs auf Ihre Hüfte. Seine Beine sollten dabei zu beiden Seiten Ihres Körpers nach unten hängen. Ihr Baby wird nun vermutlich versuchen, von Ihrer Hüfte herunterzuklettern, um den Gegenstand zu erreichen.

Erste Gesellschaftsspiele

Wenn Ihr Baby etwa ein halbes Jahr alt ist, kann es sich zunehmend verständigen und hat in Sachen Sprache schon einiges gelernt. Es versteht zwar noch nicht den Inhalt einzelner Wörter oder

Ursache und Wirkung

Ab einem Alter von etwa sieben Monaten ist Ihr Kind offen für den Zusammenhang zwischen Ursache und Wirkung. Zudem entwickelt sich nun das sogenannte vorausschauende Denken. Das Baby sucht nach Stabilität, Regeln und Kontrollierbarkeit.

Das bedeutet konkret: Es will das Verhalten der Dinge, denen es in der Welt begegnet, sicher vorhersagen können und Gesetzmäßigkeiten begreifen. Geben Sie ihm nach und nach verschiedene Spielzeuge an die Hand, durch die es den Zusammenhang zwischen Wirkung und Ursache erleben und erkennen kann.

Beginnen Sie z. B. mit einem Quietschtier oder einer Spieluhr und zeigen Sie, wie das Geräusch entsteht. Recht schnell wird Ihr Kind die auslösende Bewegung selbst machen wollen – und sicher mehrfach ausprobieren.

die ersten Worte wirklich zu verstehen. Im Folgenden finden Sie daher einige Anregungen, mit denen Sie die soziale und sprachliche Entwicklung Ihres Kindes unterstützen können.

Verstecken spielen: Für dieses Spiel benötigen Sie ein dünnes Tuch. Setzen Sie sich mit Ihrem Kind auf den Boden. Nun legen Sie das Tuch über Ihren Kopf und „verstecken" sich darunter. Warten Sie ab, was passiert. Vermutlich zieht Ihr Baby Ihnen recht bald das Tuch vom Kopf und freut sich, dass Sie wieder „da" sind. Wiederholen Sie dies mehrmals, dann können Sie das Tuch auch über das Gesicht Ihres Babys legen. Fragen Sie dann: „Ja, wo ist denn

die Bedeutung ganzer Sätze, dennoch sind ihm viele Wörter inzwischen vertraut. Es kann sich nun – noch ohne Worte – durch Gesten und Mimik verständlich machen, um seinen Wünschen Ausdruck zu verleihen.

Ab einem Alter von etwa acht bis neun Monaten beginnt Ihr Kind schließlich,

die/der ...?" Und beim Wegziehen des Tuches sagen Sie ganz einfach: „Da!". Alternativ können Sie Ihr Gesicht übrigens auch einfach hinter Ihren Händen verbergen.

Klatschen macht Spaß! Diese Anregung können Sie ganz wunderbar zwischendurch anbieten. Setzen Sie sich mit Ihrem Baby hin und zeigen Sie ihm, wie Sie in die Hände klatschen. Das Besondere bei diesem Spiel ist, dass Ihr Kind in der Regel sofort versucht, Ihre Bewegungen nachzuahmen und seine Handflächen zusam-

menzubringen. Wenn es klappt, freut es sich nicht nur über das klatschende Geräusch, das entsteht, sondern auch darüber, dass es etwas tut, was Mama oder Papa auch gemacht hat. Und das bereitet ihm große Freude! Eine ähnliche Begeisterung am Nachahmen werden Sie bemerken, wenn Sie ihm mit den Worten „winke, winke" zuwinken. Und auch bei Liedern und Fingerspielen kommt die Lust an der Nachahmung ins Spiel.

Trommeln: Für dieses Spiel benötigen Sie einen Kochlöffel und mehrere

---

| Tipp

Zehn kleine Zappelmänner

Bei diesem Fingerspiel strecken Sie ihre Hände nach vorn und bewegen ihre Finger entsprechend den Zeilen hin und her, auf und nieder und ringsherum. Zum Schluss verstecken Sie ihre Hände hinter dem Rücken und holen sie mit einem lauten „Hurra!"-Ruf wieder nach vorn.

Zehn kleine Zappelmänner
zappeln hin und her.
Zehn kleinen Zappelmännern
fällt das gar nicht schwer.
Zehn kleine Zappelmänner
zappeln auf und nieder.
Zehn kleine Zappelmänner
tun das immer wieder.
Zehn kleine Zappelmänner
zappeln ringsherum.

Zehn kleinen Zappelmännern
scheint das gar nicht dumm.
Zehn kleine Zappelmänner
spielen gern Versteck.
Zehn kleine Zappelmänner
sind auf einmal weg.
Zehn kleine Zappelmänner
sind jetzt wieder da.
Zehn kleine Zappelmänner
rufen laut „Hurra!".

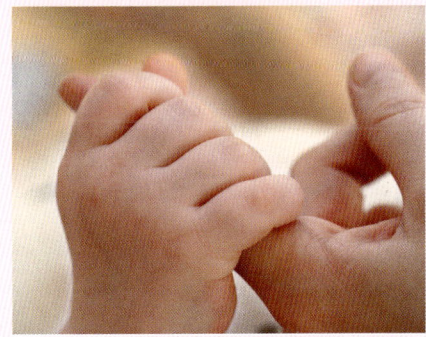

unterschiedlich große Schalen, Schüsseln oder Töpfe. Zeigen Sie Ihrem Kind zunächst, wie Sie mit dem Löffel auf eines der Gefäße trommeln, dann wählen Sie ein weiteres – allerdings aus anderem Material –, sodass der Klangunterschied deutlich wird. Reichen Sie den Löffel nun an Ihr Baby weiter. Es wird Ihr Trommeln nachahmen.

Bei diesem Spiel lernt Ihr Kind, dass es unterschiedliche Geräusche erzeugt, je nachdem, auf welches Gefäß es schlägt. Achten Sie bitte auch darauf, dass das Baby beide Hände nutzt – geben Sie ihm den Löffel also mal in die linke, mal in die rechte Hand.

Wenn Ihr Kind mit diesem Spiel vertraut ist, können Sie ihm auch einen zweiten Löffel reichen, sodass es mit beiden Händen trommeln kann. Sie werden sehen, dass dies zunächst gar nicht so einfach ist!

Info

Kinder wollen können

Kinder wollen viel und sie können viel. Sie fördern Ihr Kind vor allem auch dadurch, dass Sie ihm genügend Spielraum geben, die Dinge selbst zu tun. Kinder müssen ihre Fähigkeiten selbst erproben, denn das eigene Tun und entsprechende Ermunterung sowie Lob verschaffen ihnen immer wieder Glücksmomente und stärken das Selbstbewusstsein.

Wo steckt das Spielzeug? Mit diesem Spiel können Sie das Erinnerungsvermögen Ihres Kindes schulen. Sie benötigen dafür ein kleines Spielzeug und drei Plastikbecher, die Sie mit dem Boden nach oben vor Ihr Baby stellen. Zeigen Sie ihm zunächst das Spielzeug und verstecken Sie dieses anschließend vor seinen Augen in einem der drei Becher. Fragen Sie Ihren Spross, wo denn nun das Spielzeug stecke. Auch dieses Spiel können Sie selbst mit Worten gut begleiten. Sie können z. B. selbst auf einen falschen Becher zeigen und fragen: „Steckt das Auto hier? – Nein."

Wenn Ihr Kind dann etwas älter ist, etwa im zweiten Lebensjahr, können Sie in jeden der drei Becher einen anderen Gegenstand legen und nach einem davon fragen.

Mein Buch, dein Buch: Bei diesem Spiel geht es darum, zu unterscheiden, was wem gehört und Ihr Kind zugleich mit Grenzen vertraut zu machen. Dazu benötigen Sie eines Ihrer Bücher und ein Bilderbuch Ihres Kindes, das es sehr gut kennt. Dann legen Sie die beiden Bücher nebeneinander auf den Boden. Deuten Sie zunächst auf Ihr Buch und sagen Sie: „Das ist Mamas Buch". Danach zeigen Sie auf das Buch Ihres Kindes und benennen es ebenfalls. Wiederholen Sie dies mehrere Male und fragen Sie dann Ihr Kind, wo Mamas Buch sei. Ihr Kind wird vermutlich schon bald auf das richtige Exemplar zeigen. Natürlich können Sie genauso gut nach dem Buch Ihres

Babys fragen. Wenn Ihr Kind im Verlauf des Spiels Ihr Buch nimmt, dann sagen Sie „Nein, das ist Mamas Buch" und nehmen es wieder an sich. Geben Sie ihm stattdessen sein Buch in die Hand und nennen dabei seinen Namen.

Üben Sie zu Beginn immer mit denselben Büchern, damit Ihr Kind mit diesem Spiel vertraut werden und das dahinterstehende Prinzip verstehen kann. Nach einiger Zeit können Sie zur Abwechslung auch andere Dinge verwenden.

Tipp

Sicherheitstipps für das zweite Halbjahr

Im zweiten Lebenshalbjahr nehmen Selbstständigkeit und Beweglichkeit Ihres Kindes stetig zu. Es ist dabei, die Welt zu entdecken, und erweitert nun robbend und krabbelnd seinen Aktionsradius. Denken Sie auch daran, dass Ihr

Baby mit seinen Händen und Fingern immer geschickter wird und zum Ende seines ersten Lebensjahres selbst winzigste Krümel vom Boden aufnehmen kann. Unfallrisiken für Ihr Baby ergeben sich beim PEKiP in den eigenen vier Wänden unter anderem in folgenden Situationen:

▸ Einatmen von Kleinteilen oder Verwickeln in Bänder, Schnüre etc.
▸ herunterhängende oder herumliegende Kabel (z. B. von Bügeleisen, Wasserkocher, Stehlampe)
▸ scharfe Kanten bei Gegenständen des täglichen Gebrauchs

Sorgen Sie daher für genug Raum, wenn Sie die gemeinsame Spielzeit beginnen und prüfen Sie die Dinge, die Sie Ihrem Kind zum Spielen „zwischendurch" anbieten, immer auch auf mögliches Verletzungspotenzial.

Tag für Tag lernen: Die Nachahmung ist ein wichtiger Faktor in Sachen Lernen. Denn etwa ab dem achten Monat beobachten Babys besonders aufmerksam, was Erwachsene um sie herum tun. Und sie wollen es selbst ausprobieren! Geben Sie Ihrem Kind daher möglichst viele Gelegenheiten, spielerisch zu lernen und sich auf diese Weise weiterzuentwickeln.

Kleine Kinder finden es beispielsweise schlichtweg spannend, was in Küche und Haushalt passiert. Lassen Sie Ihr Kind daran teilhaben und geben Sie ihm die Möglichkeit, auf seine Weise mit den entsprechenden Alltagsgegenständen, etwa Töpfen oder Löffeln, vertraut zu werden.

Gut zu wissen: Mit etwa zwei Jahren interessieren sich Kinder dann noch mehr für diese Situationen und wollen mitmachen. Auch wenn dies noch keine wirklich zeitsparende Hilfe darstellt, können Sie Ihr Baby doch auf diese Weise an bestimmte Tätigkeiten heranführen. Wenn Sie es jedoch häufig ablehnen, geht seine natürliche Schaffensfreude bald verloren. Denken Sie daran: Kinder mögen es sehr, wenn sie mithelfen können!

Spiele im vierten Vierteljahr

Während es im ersten Halbjahr vor allem die unmittelbaren Bedürfnisse eines Säuglings sind, die im Vordergrund stehen, so ist das gegen Ende des ersten Lebensjahres vor allem sein weiterer Weg in die Selbstständigkeit. Denken Sie daran: Je agiler Kinder werden, umso größer wird ihr Interesse an der Umwelt. Ihrem Forscherdrang nachzugeben und vielfältige Erfahrungen machen zu können, ist dabei eine beglückende und zugleich bildende Erfahrung für Ihr Baby. Es wird daher in der kommenden Zeit in vielfacher Hinsicht ausprobieren, was erlaubt ist und was nicht.

Machen Sie sich bewusst, dass es wichtig ist, Grenzen zu setzen: bestimmt, mit Konsequenz und vor allem mit Klarheit. Entdeckungen hin oder her – gewisse Alltagsgegenstände wie z. B. Steckdosen, der Herd, der Gartengrill oder der Kamin sind für Kleinkinder absolut tabu und dürfen nicht angefasst werden.

Zeigen Sie in einer Situation, in der Sie ein Verbot aussprechen, dennoch Verständnis für den Wunsch Ihres Kindes. Aber machen Sie ihm zugleich klar, was nicht erlaubt ist. Tipp: Achten Sie darauf, wie Sie Ihr Nein formulieren! Sagen Sie es mit ernstem Gesichtsausdruck und bestimmter Miene – und nicht etwa mit einem Lächeln auf den Lippen. Denn dies wäre eine uneindeutige Doppelbotschaft, die Ihrem Kind zu viel Spielraum lässt. Kindern reicht meist ein kurzer Augenblick, um zu erkennen, ob Mama oder Papa ihr Verhalten billigen oder nicht – und sie merken ebenso schnell, ob Grenzen konsequent gesetzt werden und deren Einhaltung eingefordert wird.

Tipp

Soziales Lernen

Ein Kind muss erst lernen, seine Wünsche und Bedürfnisse in Einklang mit anderen Menschen zu bringen. Dazu muss es zum einen erkennen, dass auch diese ihre eigenen Wünsche und Bedürfnisse haben, zum anderen benötigt es Vorbilder. Sie werden sehen können, dass kleine Kinder wohl fast bei allem, was sie tun, wissen möchten, wie der Erwachsene reagiert. Grenzen setzen ist deshalb von zentraler Bedeutung. Dabei kommt es nicht nur auf Worte, sondern vor allem auch auf das entsprechende Handeln an. Das, was Sie sagen, muss mit dem übereinstimmen, was Sie tun, also mit dem, was das Kind sieht.

In den ersten Jahren sind Gesten und Gebärden für das Kind wichtiger als Worte – denn durch sie kann es letztlich verstehen, was wirklich gemeint ist. Suchen Sie außerdem immer auch den Blickkontakt zu Ihrem Kind, wenn Sie ihm etwas sagen und achten Sie auf Ihre Stimmlage.

In den kommenden Monaten wird sich Ihr Kind immer stärker für Dinge, die es sieht, interessieren und versuchen, ihnen auf den Grund zu gehen. Mit vielen Situationen und Gegenständen sieht es sich zum ersten Mal konfrontiert. Und es wird oft genug vorkommen, dass es von den Folgen dessen, was es tut, selbst überrascht ist. Um zu begreifen, was vor sich geht, wird Ihr Kind dann dasselbe auch mehrfach ausprobieren, bis es den Sachverhalt richtig verstanden hat.

Und auch in Sachen Bewegung steht einiges an: Vielleicht krabbelt Ihr Baby ja inzwischen schon – wenn ja, bewegt es sich zunächst vermutlich nur über eine kurze Distanz und erweitert nach und nach seinen Aktionsradius. Übrigens: Die Überkreuzbewegung, die Ihr Baby beim Krabbeln macht (das gleichzeitige Bewegen von linker Hand und rechtem Bein sowie der rechten Hand und dem linken Bein), unterstützt die Vernetzung beider Gehirnhälften.

Noch mehr Spiele für die Hände

Zum Ende des ersten Lebensjahres verfeinert sich das Zusammenspiel von

Augen und Händen bei Ihrem Kind immer mehr. Die Fähigkeit, etwas mit den Kuppen von Daumen und Zeigefinger zu fassen (sogenannter Pinzettengriff), kann es nun immer sicherer und geschickter einsetzen. Sie haben sicher schon bemerkt, dass es nun auch lernen möchte, allein aus einem Becher zu trinken und mit dem Löffel zu essen – selbst wenn dies anfangs noch nicht so recht klappen mag. Denken Sie bitte daran: Auch ihre Hand- und Fingerfertigkeiten entwickeln Kinder in dem ihnen eigenen Tempo.

Grundsätzlich gilt: Wann immer möglich, lassen Sie Ihr Kind Gegenstände anfassen, wenn es sie mit Händen und Fingern ertasten und erfühlen will. Und erlauben Sie es dem Baby, wenn sich die Gelegenheit bietet, mit verschiedenen Materialien wie Wasser, Knetmasse, Teig, Sand und Matsch vertraut zu werden. Im Folgenden finden Sie einige Anregungen, mit denen Sie Ihr Kind spielend unterstützen können.

Kleiner Turm: Für dieses Spiel benötigen Sie einige Bauklötze. Das Kind soll diese aufeinanderstapeln. Eine scheinbar leichte Angelegenheit, die für ein Baby doch recht kompliziert ist.

Beobachten Sie Ihr Kind aufmerksam. Sie werden feststellen, dass es mit dieser Übung gleich mehrere Bewegungen trainiert: Es führt die Hand mit dem Bauklotz genau an ein bestimmtes Ziel, es dreht sie, damit der Gegenstand genau auf das andere Klötzchen passt, es hält dabei inne, wenn sich die Hand mit dem Bauklotz über dem

anderen befindet, es setzt den Bauklotz ab und öffnet seine Hand im richtigen Augenblick. Es nimmt die Hand nach dem Absetzen zurück, ohne den Bauklotz noch einmal zu berühren. Das alles wird beim Stapeln bis zur Perfektion geübt.

Tipp

Gegenstände kennenlernen

Im zweiten Halbjahr können Sie Ihr Kind auch mit zerbrechlichen Gegenständen vertraut machen. Es muss also nicht immer der Plastikbecher sein!
Ihr Kind freut sich und fühlt sich ernst genommen, wenn es Dinge benutzen darf, die auch Sie in Gebrauch haben. Dass dabei auch mal etwas kaputt gehen kann, sollten Sie in Kauf nehmen. Denn aus eigener Erfahrung lernen Kinder am ehesten, dass man mit bestimmten Dingen vorsichtig umgeht.

Tiefenerfahrungen: Erste Erfahrungen mit der Tiefe hat Ihr Kind bereits gemacht, und auch im vierten Quartal des ersten Lebensjahres ist dies ein spannendes Feld. Für das Spiel „Tiefenerfahrungen" benötigen Sie mehrere Becher, die ineinander gestapelt werden können, und einige unterschiedlich große Schüsseln. Lassen Sie Ihr Kind in Ruhe mit den Gegenstän-

den hantieren und experimentieren. Vermutlich versucht es, die gleich großen Becher ineinander zu stellen, während es bei den unterschiedlich großen Gefäßen lernt, dass nur ein kleineres in ein größeres passt, nicht aber etwa umgekehrt.
Wichtig bei dieser Anregung und bei allen anderen Greifspielen ist, dass Sie Ihr Kind zu möglichst differenzierten Bewegungen anregen und ihm die Entscheidung überlassen, mit welcher Hand es einen Gegenstand annimmt und welche Hand welche Tätigkeiten übernimmt.

Noch ein Geschicklichkeitsspiel: Dieses Spiel ist eine Erweiterung der zuvor beschriebenen Anregung. Dazu benötigen Sie z. B. eine Kaffeedose mit Plastikdeckel oder eine Schachtel. Wichtig ist, dass Sie jeweils Öffnungen in die Deckel schneiden können. Dann wählen Sie verschiedene kleinere Gegenstände (etwa Korken, Kastanien oder Tischtennisbälle), die in jeweils eines der Gefäße gefüllt werden können. Die Öffnung sollte dabei zu den entsprechenden Gegenständen passen. Achten Sie bitte auch darauf, dass Ihr Kind keinen der Gegenstände in den Mund nimmt. Tipp: Sie können die Schachtel bzw. Dose auch mit bunter Folie oder Papier bekleben.

Neue Bewegungsspiele

Babys Entwicklung in Sachen Bewegungsfreiheit geht weiter. Gegen Ende des ersten Lebensjahres wird es sich vermutlich aufsetzen und frei sitzen können. Manche Kinder fangen bereits in diesem Alter an, sich selbstständig hochzuziehen, sich an Möbeln „entlangzuhangeln" oder sogar schon frei zu gehen. Im Folgenden finden Sie nun noch einige neue Bewegungsanregungen, mit denen Sie Ihrem Kind die Gelegenheit geben, das Krabbeln spielend zu üben.

Hilfe zum Krabbeln: Bevor Ihr Baby krabbeln lernt, macht es vermutlich die Erfahrung, dass es sich beim Robben eher nach hinten als nach vorn bewegt. Mit dieser Anregung können Sie Ihrem Baby eine kleine Hilfestellung geben: Wenn es auf dem Bauch

liegt und nach vorn robben möchte, legen Sie Ihre Handinnenflächen flach an Babys Fußsohlen und drücken leicht dagegen. Sie geben auf diese Weise Halt und Widerstand zugleich und ermöglichen es Ihrem Baby, sich abzustoßen und so in die Vorwärtsbewegung zu kommen.
Nach einiger Zeit probiert es möglicherweise auch mithilfe Ihrer Hand, sich in den Vierfüßlerstand zu begeben. Und das ist die Startposition fürs Krabbeln!

Krabbeln mal anders: Legen Sie sich bequem in Rückenlage auf den Boden. Laden Sie nun Ihr Kind dazu ein, über Ihren Körper zu krabbeln. Sie werden merken, dass es meist wie von selbst auf Sie zukommt. Dass Sie auf dem Boden liegen, findet es vermutlich spannend genug! Weitere Anregungen braucht es in der Regel nicht, um zu Ihnen zu kommen. Lassen Sie Ihr Baby nun auf Entdeckungstour gehen und einfach über Sie hinwegkrabbeln – das macht ihm vermutlich große Freude.

Bergauf, bergab: Setzen Sie sich gegenüber von Ihrem Partner oder einem anderen Erwachsenen auf den Boden, sodass Sie sich ansehen können. Die gespreizten Beine sind in unterschiedliche Richtungen ausgestreckt. Lassen Sie nun Ihr Baby darüber krabbeln. Für diese Anregung kann es hilfreich sein, Ihrem Sprössling mit einem Spielzeug einen zusätzlichen Anreiz zu geben, die Hindernisse zu überwinden.

Wenn Ihr Baby mit dieser Übung schon vertraut ist, können Sie die Beine unterschiedlich hoch anwinkeln, sodass es beim Krabbeln verschiedene Höhen überwinden muss.

Krabbeln auf der schiefen Ebene: Die schiefe Ebene haben Sie bereits auf Seite 59 kennengelernt. Ein krabbelndes Baby motiviert dieses Hilfsmittel zu unterschiedlichen Bewegungen. Und so geht's: Legen Sie die schiefe Ebene zunächst nur ein bisschen schräg, das heißt konkret mit einem Höhenunterschied von etwa fünf Zentimetern (bei einer Länge von etwa einem Meter). Lassen Sie Ihr Kind nun auf die Ebene krabbeln. Es lernt dabei, das Gleichgewicht zu halten und seinen Schwerpunkt so zu verlagern, dass es die Neigung aus beiden Richtungen überwinden kann.

Wenn Ihr Kind mit dem Krabbeln auf der schiefen Ebene vertraut ist, können Sie nach und nach die Neigung verstärken.

Extra-Tipp: Sie sind mit Ihrem Kind draußen unterwegs? Dann lassen Sie es ruhig auch mal einen kleinen Hang hinauf- oder herabkrabbeln.

Kleiner Krabbelparcours: Bei diesem Spiel lernt Ihr Baby, sich im Raum zu orientieren und seine Bewegungen den Gegebenheiten anzupassen. Sie benötigen einige große Gegenstände, mit denen Sie einen Slalomparcours aufbauen können. Dazu können Sie z. B. Stühle und Hocker, große Kartons oder auch Kissen verwenden.

Ordnen Sie die Gegenstände im Raum so an, dass Ihr Baby bequem um sie herumkrabbeln kann. Aber auch engere Durchgänge sollte es geben. Um Ihrem Baby zu zeigen, was zu tun ist, krabbeln Sie am besten zunächst selbst um die Hindernisse herum. Lassen Sie ihm Zeit, sich in Ruhe durch den Parcours zu bewegen. Falls Ihr Baby Ihnen nicht folgt, ist es möglicherweise nicht der richtige Zeitpunkt für dieses Spiel. Sie können es dann zu einem späteren Zeitpunkt erneut anbieten.

mit den entsprechenden Worten. Wenn es dennoch versuchen sollte, den Kopf zu heben, schützen Sie diesen rasch mit einer Hand vor dem Anstoßen.

Auf unterschiedlichen Flächen: Bei dieser Anregung geben Sie Ihrem Kind die Gelegenheit, krabbelnd unterschiedliche Oberflächen kennenzulernen. Das kann z. B. draußen passieren. Lassen Sie es über Sand, Gras oder auch auf dem Steinboden krabbeln. Beobachten Sie es aufmerksam: Vielleicht krabbelt es einfach drauflos, ohne sich um die Bodenbeschaffenheit zu kümmern. Oder untersucht es die Oberfläche zunächst mit den Händen und krabbelt dann langsam und mit Bedacht über den neuen Untergrund? Wichtig bei diesem Spiel ist, dass Sie Ihr Baby auf keinen Fall zum Krabbeln zwingen. Nehmen Sie Rücksicht darauf, wenn es ihm aus irgendeinem Grund unangenehm ist und es ängstlich reagiert. Nutzen Sie die Gelegenheit dann besser, um mit dem Kind gemeinsam die Oberfläche zu „untersuchen". Sprechen Sie über Ihre Eindrücke. Vielleicht möchte Ihr Kind es anschließend aus eigenem Antrieb noch einmal probieren. Wenn nicht, dann versuchen Sie es zu einem späteren Zeitpunkt erneut.

Krabbeln – aber hindurch: Für dieses Spiel benötigen Sie einen Stuhl, durch den das Baby bequem hindurchkrabbeln kann. Mit einem Spielzeug können Sie Ihr Kind dazu anregen, unter den Stuhl zu krabbeln. Alternativ können Sie sich aber auch auf der anderen Seite platzieren, sodass Ihr Kind zu Ihnen gekrabbelt kommt. Achten Sie bei diesem Spiel darauf, dass Ihr Kind unter dem Stuhl den Kopf nicht anhebt. Am besten begleiten Sie dies

Fangen spielen: Für dieses Spiel sollte Ihr Kind bereits gut krabbeln können und wendig sein. Beim Krabbelparcours konnten Sie eventuell schon feststellen, dass es Ihrem Kind großes Vergnügen bereitet, sich zusammen mit

Ihnen auf dem Boden zu bewegen – vor allem, wenn Sie die gleiche Art der Fortbewegung wählen.

Je nach Lust robben oder krabbeln Sie bei dieser Variante des Fangen hinter Ihrem Baby her. Sie bringen es dadurch nicht nur zum fröhlichen Lachen, sondern regen es auch an, in seinen Bewegungen schneller zu werden. Denken Sie auf jeden Fall daran, zwischendurch Pausen einzulegen. Denn gerade dieses Wechselspiel zwischen Anspannung und Entspannung empfindet das Kind in der Regel als besonders reizvoll. Es ist außerdem interessant, wann Ihr Kind die Rollen vertauscht und sich entscheidet, Sie zu fangen.

Für geübte Krabbler: Wenn Ihr Kind das Krabbeln beherrscht, wird es nach neuen Möglichkeiten suchen, seine Fertigkeiten weiter auszubauen. Da kommt diese Anregung gerade recht! Sie benötigen dafür einen großen Koffer, eine Kiste oder auch eine Matratze idealerweise mit einer Höhe von etwa 15 Zentimetern. Platzieren Sie den Gegenstand im Raum und lassen Sie Ihr Kind hinaufklettern. Vermutlich wird es sich, wenn es oben angelangt ist, zunächst aufrichten und die neue Perspektive genießen.

Wenn es dann ans Hinunterklettern geht, beobachten Sie Ihr Kind aufmerksam. Denn es sollte auf keinen Fall mit dem Kopf zuerst nach unten krabbeln. Möglicherweise braucht es eine kleine Hilfestellung: Drehen Sie es durch eine sanfte Berührung an der Hüfte so, dass seine Füße leichten Kontakt zum Boden finden. Dreht sich Ihr Baby zurück? Dann erinnern Sie es immer wieder daran, dass es sich zuerst umdrehen muss, bevor es von

der Kiste klettern kann. Wenn Sie dazu jedes Mal die gleichen Worte verwenden, lernt Ihr Kind, dass es nicht mit dem Kopf nach vorn abwärts klettern darf. Dies ist vor allem auch dann hilfreich, wenn Ihr Baby sich z. B. allein von einer Couch nach unten bewegen will.

Hoch hinaus: Für dieses Spiel benötigen Sie eine Haushaltstrittleiter. Zunächst stellen Sie die Leiter einfach auf und beobachten, was Ihr Kind tut. Natürlich lassen Sie das Baby dabei nicht unbeaufsichtigt. Setzen Sie sich vielmehr direkt neben die Leiter, um im Bedarfsfall Halt zu geben und einen Sturz zu verhindern. Nachdem Ihr Kind die Leiter interessiert begutachtet hat, wird es vermutlich die erste Stufe erklimmen und sich dort aufrichten – denn dabei kann es sich sehr gut mit den Händen auf der nächsten Stufe abstützen.

Trotz aller Sicherheit, die Sie Ihrem Baby bei dieser Übung geben müssen, sollten Sie eines übrigens nicht tun: es beim Hinaufklettern festhalten. Denn dadurch kann es die Situation nicht richtig einschätzen und klettert möglicherweise höher hinauf, als es ohne Ihre haltende Hand tun würde. Beim Hinuntersteigen braucht Ihr Kind hingegen zunächst Ihre helfende Hand. Fassen Sie dafür sanft seine Hüfte und ein Bein und führen Sie es langsam nach unten. Und vergessen Sie bitte nicht, die Leiter nach dem Spielen wieder an einen sicheren Ort zu räumen!

Tipp

Im Gleichgewicht

Wenn Ihr Kind schon ein geübter Krabbler ist, können Sie ihm zwischendurch ein Spielzeug von oben reichen. Sie werden sehen, dass es sich dann nur noch auf einer Hand sowie den Knien abstützt und mit der anderen Hand nach oben greift. Um nicht umzufallen, balanciert es sein Gleichgewicht geschickt aus.

Bis zum Laufen ist es nicht mehr weit

Wie bereits angesprochen, verläuft die kindliche Entwicklung sehr individuell. So fangen manche Babys bereits im Alter von etwa neun Monaten an, frei zu gehen, andere erst sehr viel später. Doch im Alter von 20 Monaten können sich in der Regel – bei einer normal verlaufenden Entwicklung – nahezu alle Kinder frei und sicher gehend bewegen. Die meisten beginnen zwischen neun und 15 Monaten, sich an Stühlen, Tischbeinen und anderen Möbelstücken hochzuziehen und aufzurichten. Und dann ist es bis zu den ersten Schritten nicht mehr weit. Es ist ein ganz besonderer Augenblick, wenn Ihr Kind das gemeistert hat!
Diese neu erworbene Fähigkeit will dann auf viele Arten erprobt werden. Dabei geht es am Anfang nicht um ein bestimmtes Ziel – vielmehr ist die Bewegung selbst der Zweck. Sie wer-

den sehen: Bald ist Ihr Kind in der Lage, sein Tempo immer besser an unterschiedliche Situationen und Gegebenheiten anzupassen.

Übrigens: Lassen Sie Ihr Kind sooft es geht barfuß oder auf rutschfesten Socken laufen.

Tipp

Gut zu wissen

Es gibt durchaus Kinder, die mit dem Gehenlernen so beschäftigt sind, dass andere Entwicklungsbereiche gewissermaßen für eine bestimmte Zeit „ruhen". Das muss kein Grund zur Sorge sein: Denn wenn das Kind nach einigen Wochen und Monaten sicher läuft, wird es sich auch in den anderen Bereichen wieder weiterentwickeln und scheinbar „Versäumtes" rasch nachholen.

Stehen mit nur einer Hand: Mit dieser Anregung unterstützen Sie Ihr Baby beim Stehenlernen. Sie benötigen dazu einen Stuhl und ein Spielzeug. Legen Sie das Spielzeug so auf den Stuhl, dass Ihr Baby Sie dabei sehen kann. Es wird vermutlich zum Stuhl krabbeln und versuchen, an das Spielzeug zu gelangen. Dazu stützt es zunächst seine Hände auf die Sitzfläche, zieht sich in den Kniestand hoch und richtet sich dann mit beiden Beinen zugleich auf. Am Anfang wird es wahrscheinlich noch etwas Mühe haben, sein Gleichgewicht auszubalancieren, doch es wird zunehmend sicherer. Zudem stellt es später zuerst ein Bein und dann das andere auf, um in den Stand zu kommen.

Aus der Hocke in den Stand: Bei dieser Anregung geht es darum, dass Ihr Baby – das schon gut und sicher stehen können sollte – allein in die Hockstellung kommt. Dazu benötigen Sie ein Spielzeug, das Sie neben Ihr stehendes Kind legen. Wenn Sie mögen, können Sie den interessanten Gegenstand etwas erhöht ablegen, damit Ihr Kind ihn leichter erreichen kann. Beobachten Sie Ihr Kind aufmerksam. Manchen Babys gelingt es relativ schnell, sich aus dem Stand in die Hocke zu begeben und das Objekt aufzunehmen oder einfach auch weiterzukrabbeln. Andere Kinder jedoch drücken im Stand die Kniekehlen so stark durch, dass ein Beugen kaum möglich ist. In diesem Fall können Sie eine kleine Hilfestellung geben. Drücken Sie dafür mit Ihren Fingern sanft in die Kniekehlen und dadurch die Knie leicht nach vorn. Wenn Ihr Kind diese Lockerung bemerkt, kann es sich hinknien.

Entlang der Wand: Wenn Ihr Kind sich inzwischen an einem Stuhl hochziehen kann, dann kann es auch probieren, sich an einer glatten Fläche bzw. Wand aufzurichten. Für dieses Spiel benötigen Sie einen Luftballon an einer Schnur. Binden Sie das Hilfsmittel entweder an der Türklinke oder an einem

Schrankgriff fest. Es motiviert Ihr Kind, sich an dieser glatten Fläche aufzurichten – und das ist gar nicht so einfach! Bitte denken Sie daran, dass Ihr Baby das Tempo vorgibt. Wenn es kein Interesse an diesem Spiel hat, ist es nicht der richtige Zeitpunkt.

Fußball für Anfänger: Für dieses Spiel brauchen Sie einen kleinen Ball. Am besten machen Sie's vor: Zeigen Sie Ihrem Spross, wie Sie gegen den Ball treten (natürlich sanft!) und spielen Sie ihm diesen zu. Für Ihr Kind ist die Koordination der Bewegungen noch nicht so einfach: Es wird wahrscheinlich auf den Ball zugehen, kurz davor stehen bleiben und dann versuchen, ihn mit einem größeren Schritt zu treffen. Die Herausforderung liegt darin,

Info

Der Geschwister-Effekt

Auch in Sachen Bewegung kommt der Nachahmungseffekt zum Tragen: In PEKiP-Gruppen ahmen sich bereits Kinder zwischen vier und fünf Monaten nach und regen sich gegenseitig an. Und vielleicht haben Sie es selbst schon bemerkt: Babys mit älteren Geschwistern verfügen im Vergleich zu Gleichaltrigen oft über erstaunliche motorische Fähigkeiten.

Gehen und Laufen in unterschiedlichen Rhythmen zu lernen und dabei das Gleichgewicht zu halten.

Schönes und sinnvolles Spielzeug

Weniger ist mehr

Gerade am Anfang benötigt Ihr Baby nur wenig zur Beschäftigung – auch wenn es mittlerweile ein sehr breites Angebot an Spielsachen bereits für die Allerkleinsten gibt. Entscheiden Sie selbst, was Sie Ihrem Baby in die Hand geben, und lassen Sie sich nicht durch die Fülle verunsichern.

Dass dies nicht mit hohen Kosten verbunden sein muss, können Sie in diesem Kapitel sehen. Denn Sie finden hier zahlreiche Anregungen, wie Sie interessantes und vor allem individuelles Spielzeug aus Alltagsgegenständen selbst herstellen können.

Das Mobile

Alter: von Anfang an
So geht's: Das Mobile gehört sicher zu den Klassikern der Babyspielzeuge. Sie schmücken Kinderzimmer häufig noch dann, wenn die Kleinen schon längst laufen können. Gut zu wissen: Sie kön-

nen ein ganz besonderes, individuelles Mobile leicht selbst herstellen. Dazu benötigen Sie als Basis einen Kleiderbügel bzw. einen schönen Stock oder Zweig. Sie können die einzelnen Teile aber auch sehr gut an einem Strohkranz befestigen.

Binden Sie nun an dem „Gerüst" jeweils mit einem Faden verschiedene Bänder, Federn, Glöckchen und Papierkugeln nebeneinander fest. Alternativ können Sie aus buntem Papier auch Figuren oder Formen ausschneiden oder kleine Luftballons verwenden und aufhängen. Aufgepasst: Blasen Sie die Luftballons nicht zu prall auf, da sie sonst leicht platzen und Ihr Baby eventuell erschrecken.

Sie können selbstverständlich auch verschiedene Mobiles basteln und an Babys Lieblingsplätzen aufhängen: über dem Bett, über der Wickelkommode – eben überall dort, wo es die Bewegungen gut mit den Augen verfolgen kann.

Der Klingelhandschuh

Alter: von Anfang an
So geht's: Für den Klingelhandschuh benötigen Sie einen alten Wollhandschuh sowie fünf Metallglöckchen. Auf jeden Finger des Handschuhs nähen Sie dann eines der Glöckchen. Wenn Sie ihn überstreifen, klingeln die Glöckchen bei jeder Hand- und Fingerbewegung. Halten Sie Ihre Hand im Abstand von 20 bis 25 Zentimetern auf Augenhöhe über den Kopf Ihres Babys. Es wird die Bewegungen aufmerksam verfolgen. Der Klingelhandschuh kann

Für Wasserratten und Sandflöhe

Es gibt wohl kaum ein Kind, das Wasser und Sand nicht faszinierend findet. Daher sollten Sie Ihrem Spross die Möglichkeit geben, dies bei bestimmten Spielen auszuleben. Im Folgenden finden Sie zwei Anregungen, bei denen kleine Wasserratten und Sandflöhe ausgiebig experimentieren können.

Wasserspiel: Für das Wasserspiel benötigen Sie eine Schüssel mit lauwarmem Wasser, eine weitere Schüssel sowie eine Unterlage und verschiedenen Gegenstände, mit denen Ihr Kind im Wasser experimentieren kann. Gut geeignet sind z. B. Wäscheklammern, kleine Löffel, ein Schwimmtier, Papierkugeln, kleine Becher, ein Trichter etc. Zudem können Sie ein paar Tropfen von Babys Waschlotion (alternativ auch Spülmittel) in die Schüssel geben und Ihrem Kind einen

Schneebesen reichen. Und jetzt ist Ihr Baby dran: Es darf ausprobieren, was ihm in den Sinn kommt.

Sandspiel: Das Sandspiel sollte am besten im Sandkasten stattfinden. Auch hier benötigen Sie einige Förmchen, Schaufeln und Eimer, einen Löffel, ein Sieb, einen Becher und eine Gießkanne. Am besten stellen Sie auch noch Wasser zur Verfügung. Nasser Sand fühlt sich nämlich ganz anders an als trockener. Und jetzt kann es losgehen. Denn auch hier gilt: Der Fantasie des Babys sind keine Grenzen gesetzt!

wunderbar mit einem Fingerspiel kombiniert werden. Schön ist es auch, statt der Glöckchen bunte Bänder an den Fingerspitzen zu befestigen.

Das Tastbuch

Alter: von Anfang an

So geht's: Über die Bedeutung des Tastsinns und darüber, wie wichtig der

anregende Umgang mit unterschiedlichen Materialien ist, haben Sie bereits einiges erfahren. Für das Tastbuch benötigen Sie nun mehrere Seiten festen Karton (idealerweise in der Größe DIN A6) und unterschiedliche Materialien, die Sie dann auf die einzelnen Seiten kleben können. Letzteres kann z. B. sein: Samt und Kork,

Leder und Teppichboden, Wolle und wellige Pappe, feinkörniges Sandpapier und Fell.

Wichtig: Achten Sie bitte darauf, einen lösungsmittelfreien Klebstoff zu verwenden! Wenn Sie die Seiten beklebt haben, lochen Sie sie und binden sie mit einem festen Band aus Leder zusammen. Wer mag, kann das Band noch zusätzlich mit zwei Glöckchen verzieren.

Tipp

Ein schönes Geschenk

Viele der Materialien, die Sie zum Selbermachen benötigen, werden Sie vermutlich bereits in Ihrem Haushalt haben. Und denken Sie daran: Mit einem selbst gebastelten Spielzeug können Sie sicher auch als Geschenk überraschen.

Das Tastsäckchen

Alter: von Anfang an
So geht's: Auch ein Tastsäckchen haben Sie schnell selbst „gezaubert". Daher bietet es sich an, gleich mehrere Säckchen zu nähen, die dann mit unterschiedlichen Materialien gefüllt werden. So kann Ihr Kind verschiedene Formen und Stoffe ertasten. Sie benötigen dazu einige Stoffreste, z. B. aus Baumwolle, Samt oder Seide, die etwa 20 x 10 Zentimeter groß sind. Als Füllmaterial eignen sich unter anderem Knöpfe, Erbsen, Holzperlen oder gut ausgewaschene und getrocknete Kirschkerne sowie Glasmurmeln. Auch Nüsse, Kastanien oder Korken lassen sich gut verwenden. Je nach Menge müssen Sie eventuell die Stoffgröße variieren. Falten Sie nun jeweils ein Stoffstück einmal quer, sodass sich die Innenseite außen befindet, und nähen Sie es an den Seiten zu. Wenden Sie das entstandene Säckchen und füllen Sie es mit dem Material Ihrer Wahl. Achten Sie darauf, dass es nur etwa zur Hälfte gefüllt ist, damit Ihr Kind beim Tasten die Füllung auch hin- und herbewegen kann. Nähen Sie das Säckchen anschließend zu.

Tipp: Alternativ können Sie auch Perlonstrümpfe verwenden – das geht schneller! In diesem Fall müssen Sie nicht zu Nadel und Faden greifen, sondern knoten nach dem Füllen oben und unten ein farbiges Band um den Strumpf.

Der Tastwürfel

Alter: ab dem dritten Monat
So geht's: Die Grundlage für den Tastwürfel bildet ein Styroporwürfel, den Sie im Bastelgeschäft erhalten. Empfehlenswert ist ein Kantenmaß von rund zehn Zentimetern. Zudem benötigen Sie sechs unterschiedliche Materialien, wie z. B. Samt und Kork, Leder und Teppichboden, feinkörniges Sandpapier und Fell. Schneiden Sie sich passende Quadrate für den Würfel zurecht und bekleben Sie dessen Seiten damit. Für Styropor eignet sich herkömmlicher Klebstoff nicht besonders gut. Daher sollten Sie Doppel-Klebeband (Teppich-Klebeband) verwenden.

Schlauch etwa zu einem Drittel oder Viertel mit kleinen bunten Perlen. Dafür können Sie Holz-, Glas- oder sogar Zuckerperlen verwenden. Wichtig ist, dass sich die Kugeln im Ring bewegen können und diese Bewegung zu hören ist. Sie schließen den Ring, indem Sie eine dicke Holzperle oder einen Holzdübel als Verbindungsstück einsetzen und dann mit etwas Sekundenkleber verbinden. Aufgepasst: Das Ganze muss natürlich gut trocknen, bevor es zum Spielen eingesetzt werden kann!

Der Tastlappen

Alter: ab dem 5. Monat
So geht's: Sie benötigen einen Waschlappen, Füllwatte und mehrere unterschiedlich große und farbige Knöpfe. Zunächst nähen Sie die Knöpfe gleichmäßig verteilt auf einer Seite des Waschlappens fest. Anschließend stopfen Sie den Waschlappen mit Füllwatte aus. Achten Sie jedoch darauf, dass Sie ihn nicht zu voll machen – das könnte die Handhabung für Ihr Baby erschweren. Anschließend nähen Sie die offene Seite zu.

Die Knopfkette

Alter: ab dem 5. Monat
So geht's: Für die Knopfkette benötigen Sie verschiedene Knöpfe, einige Glöckchen und bunte Holzperlen. Fädeln Sie die Gegenstände nacheinander auf ein festes Band wie einen Lederriemen oder einen Schnürsenkel und verknoten Sie die beiden Enden sicher. Schon ist die Spielkette, die Ihr

Noch mehr Glöckchen

Alter: ab dem 5. Monat
So geht's: Eine wohlklingende Rassel können Sie aus einem ausrangierten Schneebesen herstellen, an den Sie einige kleine Metallglöckchen binden. Achten Sie bitte darauf, dass der Schneebesen einen Plastikgriff hat. Außerdem müssen die Glöckchen sicher daran befestigt sein. Mit diesem Spielzeug sollte Ihr Kind übrigens nicht allein spielen – falls sich aus Versehen doch einmal eines der Glöckchen löst.

Die Ringrassel

Alter: ab dem 5. Monat
So geht's: Für diese Rassel benötigen Sie einen durchsichtigen Schlauch mit einem Durchmesser von eineinhalb Zentimetern und einer Länge von rund 40 Zentimetern. Füllen Sie diesen

Die Spielzeugschlange

Alter: ab dem 10. Monat

So geht's: Für die Spielzeugschlange benötigen Sie einige leere Toilettenpapierrollen (je nachdem, wie lange die Schlange werden soll), einen alten Kniestrumpf und eine etwa 30 Zentimeter lange Schnur. Nun schneiden Sie das Fußteil des Strumpfes ab, knoten ein Ende zu und schieben an der offenen Seite die erste Rolle hinein. Danach machen Sie einen Knoten, schieben die nächste Rolle hinein usw. Das Ende verknoten Sie ebenfalls und befestigen daran die Schnur.

Spielidee: Legen Sie die Spielzeugschlange ins Blickfeld Ihres Babys. Schon bald wird es nach der Schnur greifen und feststellen, dass sich die

Kind eingehend mit den Fingern untersuchen kann, fertig!

Der Bänderball

Alter: ab dem 6. Monat

So geht's: Sie benötigen einen kleinen Ball, etwa einen Tischtennis- oder Tennisball, ein Stück bunten Stoffrest und mehrere farbige Bänder. Gut geeignet ist z. B. Geschenkband. Wickeln Sie nun den Ball in den Stoffrest ein und binden diese „Hülle" mit den bunten Bänder zu. Achten Sie bei der Länge der Bänder darauf, dass sich Ihr Kind diese auf keinen Fall um den Hals wickeln kann. Auch dieses Spielzeug können Sie mit einem oder zwei Metallglöckchen noch zusätzlich verschönern.

Info

Aufgepasst!

Bei den Spielsachen, die Sie selbst anfertigen, sollten Sie besondere Sorgfalt walten lassen. Wenn Sie Füllmaterial wie Perlen, Kirschkerne oder Ähnliches verwenden, müssen Sie darauf achten, dass Ihr Kind diese nicht in die Hand bekommen kann. Nähen Sie eine Naht also lieber doppelt und denken Sie daran, dass auch Glöckchen und Knöpfe besonders gut befestigt werden müssen. Sie gehören auf keinen Fall in Babys Mund!

Schlange in seine Richtung bewegt, sobald es an der Schnur zieht.

Die Kugelbahn

Alter: wenn Ihr Baby sitzen kann
So geht's: Für die Kugelbahn benötigen Sie lediglich eine feste Papprolle, z. B. eine Plakatrolle, sowie eine große Murmel oder eine Holzperle. Fertig! Nun müssen Sie Ihrem Kind nur noch zeigen, wie Sie die Murmel oder die Perle in die Rolle stecken und letztere leicht anheben. Ihr Baby wird staunen, wie die Kugel heruntersaust und das Spiel selbst nachahmen wollen. Zu Beginn braucht es möglicherweise noch Ihre Hilfe beim Halten der Rolle. Lassen Sie es aber auf keinen Fall allein mit den Perlen oder Murmeln spielen! Und denken Sie daran, dass Sie die Kugeln nach dem Spielen wieder an einem sicheren Ort verstauen.

Das Knopfband

Alter: wenn Ihr Baby stehen kann
So geht's: Für das Knopfband benötigen Sie ein etwa zehn Zentimeter breites und 30 Zentimeter langes Band aus festem Stoff. Des Weiteren brauchen Sie viele unterschiedlich große und farbige Knöpfe, ein paar Metallglöckchen und Bommel sowie zwei Schlaufen. Zunächst nähen Sie die beiden Schlaufen ans Band, dann die Utensilien – gleichmäßig verteilt – darauf. Das fertige Band platzieren Sie so an der Wand, dass Ihr Kind es mit ausgestreckten Armen erreichen und die unterschiedlichen Gegenstände ertasten kann.

Instrumente für die Kleinen

Fast alle Babys lieben Musik und Rhythmen, Melodien und Geräusche. Daher finden Sie nachstehend noch zwei Anregungen, wie Sie aus Gebrauchsgegenständen die ersten babygerechten Instrumente bauen können.

Geräuschdosen

Alter: wenn Ihr Baby sitzen kann
So geht's: Sie benötigen zunächst einige leere Dosen, die unterschiedlich groß sind und die Sie mit einem Plastikdeckel gut verschließen können. Wichtig ist, dass Ihr Kind sich nicht an einer scharfen Kante verletzen kann. Wenn Sie auf Nummer sicher gehen wollen, kleben Sie den Rand zusätzlich mit Klebestreifen ab. Anschließend werfen Sie am besten einen Blick in Ihren Küchenschrank, denn die Geräuschdosen lassen sich z. B. wunderbar mit Zucker, Erbsen, Reis oder

Nüssen füllen. Aber auch Sand und kleine Kieselsteine sind gut geeignet. Für den Fall, dass Sie keinen passenden Plastikdeckel zur Hand haben, können Sie übrigens auch einen Deckel aus festem Karton zurechtschneiden und diesen mit Klebeband auf der Öffnung befestigen. Kontrollieren Sie nun noch einmal, ob der Inhalt wirklich sicher umschlossen ist.

Je nach Größe und Inhalt lassen sich nun ganz unterschiedliche Klänge erzeugen, wenn die Dosen bewegt werden. Und auch das Tempo beeinflusst die „Musik". Stellen Sie Ihrem Kind ruhig noch ein paar Schüsseln und Töpfe zur Verfügung, auf denen es mit einem Löffel trommeln kann. Das Musizieren macht übrigens noch mehr Spaß, wenn sich andere Kinder daran beteiligen!

Trommeln

Alter: wenn Ihr Baby sitzen kann

So geht's: Nicht nur auf Schüsseln und Töpfen lässt es sich vortrefflich trommeln. Auch aus größeren Dosen (z. B. Vorratsdosen für Babynahrung) können Sie eine individuelle Trommel gestalten. Dazu benötigen Sie bunte Klebefolie, mit der Sie die Dose rundherum verzieren können. Dann schneiden Sie für den Boden und den Deckel der Dose Kreise aus (z. B. aus Filz oder dünnem Leder). Diese befestigen Sie mit Klebeband und binden zusätzlich noch ein schönes Band darum. Ihrer Fantasie sind beim weiteren Verzieren keine Grenzen gesetzt – vielleicht möchten Sie an der Trommel ja noch Glöckchen befestigen oder ein gehäkeltes Band anbringen?

Tipp

Papierspiele

Auch mit Papier lassen sich ganz wunderbare Spiele veranstalten. Seine Beschaffenheit und die Eigenschaften regen die Sinne des Babys auf unterschiedliche Weise an – und es gibt so viele verschiedene Arten von Papier, die Sie Ihrem Kind anbieten können. Papier knistert, raschelt, kann zerknittert, zerknüllt und zerrissen oder als Ball durch den Raum geworfen werden. Probieren Sie es doch einfach aus!

Spielanregungen

Bildnachweis

Wir bedanken uns bei allen Bildlieferanten, die uns durch die Bereitstellung von Abbildungen freundlicherweise unterstützt haben.

aboutpixel.de: Angela Huth 93. djd/deutsche journalisten dienste: djd/schuster public relations & media consulting 9. fotolia.com: foun 6, 32, 42; Nicholas Watts 8; aldegonde le compte 10; AVAVA 11, 13; Adam Borkowski 14, 29, 36, 45; gb 15; myadria 17; Renee Jansoa 19 o.; travis manley 19 u.; ChantalS 21; Elena kouptsova-vasic 22; WolfgangSchmidberger 23; Michaela Brandl 26, 91; Harald Soehngen 30; Haeste 35; Dron 38; Kurhan 40; Sabine Immken 47; Vladimir Melnik 52, 53; Marin Conic 55; Manuel Tennert 57; Ivan Dyachkoff 58; thepoeticimage 60; scotty_img 62; Bettina Baumgartner 63; NICOLAS LARENT 64; Nicole Effinger 66; Grischa Georgiew 68; Jamey Ekins 71; Benicce 72; Michael Kempf 73; nyul 75 o.; shocky 75 u.; Melking 77; Daniel Fuhr 78, 80; andreas reimann 81; ISO K°-photography 82; Torsten Schon 83; Anatoly Tiplyashin 86; Tal Naveh 88; Yvonne Bogdanski 89; Erika Walsh 94. mauritius images: 5, 25, 27, 41, 43, 48, 50, 70, 87. Picture alliance: picture-alliance/ZB 31. pixelio.de: Marianne Hauck 92